Beck-Rechtsberater

Unterhalt in Frage und Antwort

dtv

Beck-Rechtsberater

Unterhalt in Frage und Antwort

Anspruch und Höhe für Kinder, Getrenntlebende, Geschiedene und Eltern

von Andrea Peyerl

Deutscher Taschenbuch Verlag

Im Internet:

dtv.de

beck.de

Originalausgabe
Deutscher Taschenbuch Verlag GmbH & Co. KG,
Friedrichstraße 1a, 80801 München

Gesamtherstellung: Druckerei C. H. Beck, Nördlingen
(Adresse der Druckerei: Wilhelmstraße 9, 80801 München)
Umschlaggestaltung: Agentur 42 (Fuhr & Partner), Mainz,
unter Verwendung eines Fotos von Getty Images
ISBN 978-3-423-50639-7 (dtv)
ISBN 978-3-406-54174-2 (C. H. Beck)

Vorwort

▸ Für wen ist dieser Ratgeber geschrieben?

Dieses Buch wendet sich in erster Linie an diejenigen, die durch eine Trennung und/oder Scheidung mit dem Thema Unterhalt konfrontiert werden. Sei es um einen Anspruch geltend zu machen oder um ihn abzuwehren. Der Ratgeber ist für den Laien geschrieben. Es werden keine juristischen Kenntnisse vorausgesetzt.

▸ Welche Fragen behandelt der Ratgeber?

Er greift die wichtigsten Aspekte des Unterhaltsrechts auf und berücksichtigt dabei alle Änderung der Unterhaltsreform (Gesetz zur Änderung des Unterhaltsrechts) vom 1. Januar 2008. Behandelt werden in erster Linie die Unterhaltsansprüche der Kinder und der Ehegatten.

▸ Was unterscheidet diesen Ratgeber von anderen Büchern?

Dieser Ratgeber behandelt das Thema Unterhalt nicht als abstraktes Rechtsproblem. Er geht ganz konkret auf Fragen ein, die in der Praxis berechtigterweise von Mandanten gestellt werden. Dies erleichtert es dem Leser, sich in das Thema einzufinden.

Der Ratgeber enthält ferner Checklisten, mit denen sich der individuelle Anwaltstermin gut vorbereiten lässt. Die Berechnung des Unterhalts erfordert eine sehr genaue Kenntnis der Einkommens- und Vermögensverhältnisse der Eheleute.

▸ Wie ist das Buch aufgebaut?

Der Ratgeber gibt in dem ersten Kapitel einen Überblick zu den relevanten Themen des Unterhaltsanspruchs. In den weiteren Kapiteln werden die Ansprüche, getrennt nach den einzelnen Berechtigten, behandelt.

▸ Welche Schwerpunkte hat der Ratgeber?

Das Thema „Ehegattenunterhalt“ wird besonders ausführlich behandelt, da es in der Praxis das größte Streitpotential hat. Bei Trennung und Scheidung spielen die Unterhaltsansprüche der Kinder oft eine untergeordnete Rolle. Hier wird in der Regel bereitwillig gezahlt. Demgegenüber stellt die Frage des an den Ehegatten zu zahlenden Unterhalts die häufigste Ursache für gerichtliche Auseinandersetzungen dar. Die Ermittlung des unterhaltsrelevanten Einkommens ist neben steuerlichen Aspekten ein weiterer Schwerpunkt.

Kronberg im Taunus, April 2008

Andrea Peyerl
Rechtsanwältin
Fachanwältin für Familienrecht

Inhaltsverzeichnis

Anhang:

I. Der Unterhaltsanspruch

1. Grundsätzliches zur Unterhaltsberechtigung

Mit der Trennung eines Ehepaares und damit auch der Trennung einer ganzen Familie, gehen eine Vielzahl von Fragen und notwendigen Regelungen einher. Wer bleibt in der Ehewohnung oder im Haus, bei wem leben die gemeinsamen Kinder, wer zahlt die Schulden, wie wird das Vermögen aufgeteilt, usw.

Wichtigster Aspekt dabei ist aber die wirtschaftliche Existenz aller Familienmitglieder. Der Gesetzgeber hat zu diesem Zweck wechselseitige Unterhaltsansprüche normiert. Minderjährigen Kindern, die ja nicht selbst für sich sorgen können, gilt dabei ein absoluter Vorrang. Konkretisiert wurde dies durch die aktuelle Gesetzesänderung.

▶ Was gilt nach dem Inkrafttreten der Unterhaltsreform am 1. 1. 2008?

Die Reform des Unterhaltsrechts – genauer gesagt das Gesetz zur Änderung des Unterhaltsrechts – war seit langem angekündigt. Das Inkrafttreten zum 1. 1. 2008 war dann aber doch überraschend kurzfristig. Die Reaktionen sind vielfältig: Bei den einen ruft es Euphorie hervor, nie mehr Unterhalt an den oder die verflossene Ex zu zahlen. Bei den anderen entsteht Panik und Existenzangst ob der Verpflichtung, von heute auf morgen für sich selbst sorgen zu müssen. Die Wahrheit liegt wie immer in der Mitte: Es bestehen nach wie vor Unterhaltsansprüche für den geschiedenen Ehegatten. Aber von der Möglichkeit, diese der Höhe nach herabzusetzen und zeitlich zu begrenzen, kann und soll verstärkt Gebrauch gemacht werden. Der Gesetzgeber hat die Eigenverantwortung eines jeden Ehegatten deutlich herausgestellt. Die Ehe darf nicht mehr als Garantie für eine lebenslange Versorgung betrachtet werden.

Ziel der Gesetzesänderung war es, die Anpassung des gesamten Unterhaltsrechts an die geänderten gesellschaftlichen Verhältnisse vorzunehmen. Die Zahl der Scheidungen steigt nach wie vor. Die Erfahrung der letzten Jahre hat gezeigt, dass die Ehe offensichtlich nicht mehr auf „Lebenszeit" geschlossen wird. Die „Zweitfamilie" ist an der Tagesordnung. Auf diesen Wandel von Werten in der Gesellschaft musste der Gesetzgeber reagieren.

Das seit dem 1. 1. 2008 geltende Unterhaltsrecht soll aber auch die Interessen und Belange der minderjährigen Kinder schützen. Hierfür hat der Gesetzgeber die sogenannte Rangfolge geändert. Immer dann, wenn das vorhandene Einkommen des Unterhaltspflichtigen nicht ausreicht, um alle Unterhaltsansprüche zu befriedigen, stellt sich die Frage, wer an erster Stelle steht und wer gegebenenfalls leer ausgeht. Absoluten Vorrang haben jetzt alle minderjährigen Kinder und Kinder bis zum 21. Lebensjahr, sofern sie noch im Haushalt eines Elternteils leben und in der allgemeinen Schulausbildung sind. Dabei macht es keinen Unterschied, ob die Eltern miteinander verheiratet waren oder nicht.

Der getrennt lebende oder geschiedene Ehegatte erhält also nur dann Unterhalt, wenn die Ansprüche der Kinder in voller Höhe ausgeglichen werden können.

Um die Anpassung an die geänderten gesellschaftlichen Verhältnisse und Werte zu erreichen, verfolgt das Gesetz daher primär die nachstehenden Ziele:

(1) Förderung des Kinderwohls durch Neuordnung der Rangfragen.
(2) Gleichberechtigung der minderjährigen unterhaltsbedürftigen Kinder, unabhängig davon, ob die Eltern miteinander verheiratet sind oder nicht.
(3) Stärkung der Eigenverantwortung der Ehepartner nach der Ehe.

Anlässlich der Trennung ist also stets zu prüfen, ob eine Unterhaltsberechtigung und demgemäß auch eine Unterhaltsverpflichtung besteht. Ein sensibles Thema, wenn es um den Ehegattenunterhalt geht, denn nichts ist so unangenehm wie die monatliche Zahlung an den oder die „Ex".

Wie bereits ausgeführt, gibt es auch weiterhin den Anspruch auf Unterhalt nach der Ehe. Er soll aber die Ausnahme sein und vor allem nicht mehr als „lebenslange“ Garantie für den angeheirateten Lebensstandard verstanden werden.

Bevor nachfolgend der Unterhaltsanspruch der Kinder, Ehegatten und Eltern gesondert behandelt wird, stehen zu Beginn einer jeden Unterhaltsprüfung grundsätzliche Fragen, die es zu klären gilt. Dieses erste Kapitel gibt zunächst einen Überblick zu den relevanten Fragen:

▶ Wer bekommt Unterhalt und wer muss ihn zahlen?

Unterhaltsverpflichtet und daher auch unterhaltsberechtigt sind im Wesentlichen drei Personengruppen:
(1) Verwandte in gerader Linie,
(2) Ehegatten und
(3) Mutter/Vater des nichtehelichen Kindes.

▶ Schulden sich alle Verwandten gegenseitig Unterhalt, also auch Geschwister?

Nein, die durch Verwandtschaft begründete Unterhaltspflicht gemäß § 1601 BGB meint nur den Unterhaltsanspruch der ehelichen und nichtehelichen Kinder gegen ihre Eltern, den Unterhaltsanspruch der Eltern gegenüber ihren Kindern und den Anspruch der Kinder gegenüber den Großeltern.

Geschwister, Onkel und Tanten oder Nichten und Neffen sind nicht unterhaltsberechtigt oder -verpflichtet.

▶ Haben Ehegatten während der Ehe einen Zahlungsanspruch auf Unterhalt?

Bei der durch die Ehe begründeten Unterhaltspflicht sind drei verschiedene Zeiträume für die Beurteilung des Anspruchs zu unterscheiden: die Zeit des intakten Zusammenlebens, die Zeit des Getrenntlebens und die Zeit nach der Scheidung. Für jeden Zeitraum hat der Gesetzgeber einzelne Unterhaltsansprüche mit jeweils unterschiedlichen Voraussetzungen und Rechtsfolgen normiert.

Während des Zusammenlebens spricht man von dem sogenannten Familienunterhalt. Danach sind beide Ehegatten einander verpflichtet, während der intakten ehelichen Gemeinschaft mit ihrer Arbeitskraft und ihrem Vermögen die Familie angemessen zu unterhalten. Das bedeutet, dass jeder Ehepartner seinen Beitrag zum Familienunterhalt zu leisten hat. Dabei ist die Erwerbstätigkeit eines Ehepartners mit der Tätigkeit des anderen Ehepartners, der Haushalt und Familie versorgt, absolut gleichwertig.

Eine echte Bezahlung des errechneten Unterhaltsbetrages erfolgt in der Regel nicht. Entweder laufen alle Einnahmen „in einen Topf" und alle Ausgaben aus diesem Topf. Oder aber es findet eine Einteilung in Haushaltsgeld und Taschengeld für jeden Ehepartner statt. Solange die Ehegatten einvernehmlich wirtschaften, findet keine klassische Unterhaltsberechnung statt.

▸ Was geschieht, wenn ein Ehepartner auszieht?

Das Vorstehende ändert sich mit der Trennung der Eheleute. Es besteht jetzt kein Anspruch mehr auf Familienunterhalt sondern auf Trennungsunterhalt.

▸ Wann leben Eheleute getrennt voneinander?

Getrenntleben bedeutet, dass es keinen gemeinsamen Haushalt mehr gibt und jeder für sich getrennt wirtschaftet. Dabei ist es grundsätzlich unerheblich, ob die Eheleute innerhalb der Ehewohnung getrennt voneinander leben oder einer der Partner ausgezogen ist. Wichtig ist allein, dass ein tatsächliches Getrenntleben vorliegt. Oftmals ist es schwierig dies festzustellen, wenn keine räumliche Trennung der Ehepartner dergestalt stattgefunden hat, dass ein Ehepartner in eine andere Wohnung umgezogen ist. Getrenntleben in einer Wohnung oder in einem Haus ist vergleichbar mit einer Wohngemeinschaft. Jeder lebt auf eigene Kosten. Es gibt getrennte Schlafzimmer und die Gemeinschaftsräume wie Küche und Bad werden nach Absprache genutzt. Sämtliche wechselseitigen Versorgungsleistungen (Essen kochen, Einkaufen, Putzen, Wäsche etc.) werden eingestellt. Jeder ist für sich selbst verantwortlich. Es gibt keine sexuellen Kontakte mehr, keine gemeinsamen Mahlzeiten und weder gemeinsame Urlaube noch gemeinsame Auftritte in der Öffentlichkeit, wie beispielsweise bei Familienfeiern oder Partys.

Ferner ist von Bedeutung, dass beide Eheleute auch Kenntnis von dem Getrenntleben im Sinne von Trennung und Scheidung haben und das Verhalten des Partners nicht nur für eine Laune halten. Es ist daher zu empfehlen, dem anderen auch mitzuteilen, dass man voneinander getrennt lebt und die eheliche Lebensgemeinschaft nicht fortsetzen möchte.

Für die Einreichung des Scheidungsantrages vor dem Familiengericht müssen die Ehegatten mindestens ein Jahr voneinander getrennt leben. Selbstverständlich kann das Getrenntleben auch mehrere Jahre andauern. Spätestens nach Ablauf eines Jahres sollte jedoch anwaltliche Beratung in Anspruch genommen werden, um zu prüfen, ob das Einleiten des Scheidungsverfahrens von Vorteil ist oder nicht.

Der Trennungsunterhalt ist während der gesamten Dauer des Getrenntlebens zu zahlen, also auch für die Dauer des laufenden Scheidungsverfahrens. Der Anspruch auf Trennungsunterhalt endet erst mit der Rechtskraft des Scheidungsurteils.

▸ Wird der Trennungsunterhalt auch über die Scheidung hinaus bezahlt?

Nein, der Anspruch auf Trennungsunterhalt endet mit dem rechtskräftigen Scheidungsurteil. Nachehelicher Unterhalt oder auch Geschiedenenunterhalt genannt, wird für die Zeit ab der Rechtskraft des Scheidung gezahlt, sofern die Voraussetzungen der §§ 1569 ff. BGB vorliegen.

Der Trennungsunterhalt und der nacheheliche Unterhalt sind zwei grundlegend verschiedene Ansprüche, die gesondert geltend gemacht werden müssen. Sie können auch in unterschiedlicher Höhe bestehen. Es kann auch durchaus sein, dass zwar ein Anspruch auf Trennungsunterhalt besteht, nicht aber auf nachehelichen Unterhalt.

In diesem Zusammenhang ist folgendes zu beachten: Sofern über den Trennungsunterhalt eine gerichtliche Entscheidung herbeigeführt oder ein Vergleich geschlossen wurde, verliert dieses

Schriftstück mit der Rechtskraft der Scheidung seine Wirkung. Der Unterhaltsverpflichtete muss den dort festgehaltenen Betrag nicht mehr zahlen und der Unterhaltsberechtigte kann keine Rechte mehr daraus herleiten. Um nicht in eine Versorgungslücke zu geraten, muss der Unterhaltsberechtigte seinen Anspruch auf nachehelichen Unterhalt so rechtzeitig geltend machen, dass der Zahlungsfluss „nahtlos“ ineinander übergeht. Aus diesem Grund kann und sollte der nacheheliche Unterhalt bereits während des Getrenntlebens geltend gemacht werden, um so bei Rechtskraft der Scheidung einen Titel vorliegen zu haben, sei es in Form eines Urteils oder in Form einer Vereinbarung.

▸ Was sind die Voraussetzungen für einen Unterhaltsanspruch?

Voraussetzung für einen Unterhaltsanspruch ist zunächst die grundsätzliche Berechtigung nach den oben genannten Personenkreisen.

Hinzukommen muss ferner die so genannte Bedürftigkeit: Das bedeutet, dass der Unterhaltsberechtigte nicht in der Lage ist, den zum Leben benötigten Bedarf aus eigenen Mitteln abzudecken. Dabei werden alle verfügbaren Einkünfte überprüft. Neben dem Einkommen aus einer Erwerbstätigkeit ist das auch das Einkommen aus einer Vermögensnutzung, beispielsweise dem kostenfreien Wohnen in der Immobilie.

Es ist stets zu beachten, dass Unterhaltszahlungen grundsätzlich die elementaren Bedürfnisse des täglichen Lebens absichern sollen. Sie dienen nicht einer darüber hinausgehenden Vermögensbildung. Wobei es natürlich individuell sehr verschieden ist, was zum Leben benötigt wird. Deshalb ist die Frage der Bedürftigkeit immer am Einzelfall zu beurteilen und die Höhe des Bedarfs kein fester Betrag, der in einer Tabelle abgelesen werden kann.

▸ Ist der andere Ehegatte dann auf jeden Fall zur Zahlung verpflichtet?

Selbstverständlich bedarf es neben der Bedürftigkeit des Unterhaltsberechtigten auch der so genannten Leistungsfähigkeit des Unterhaltsverpflichteten. Das bedeutet, dass der den Unterhalt schuldende Part in der Lage sein muss, die Zahlungen zu tätigen, ohne dabei seinen eigenen angemessenen Bedarf zu gefährden. Ist der andere Ehegatte nach Abzug aller Verpflichtungen selbst nicht in der Lage, seinen Unterhaltsbedarf angemessen abzudecken, kommt eine Unterhaltszahlung nicht in Betracht. Es muss dann geprüft werden, ob eingegangene Verbindlichkeiten gelöst werden können oder vorhandenes Vermögen zu verwerten ist.

▸ Wie werden mehrere Unterhaltsberechtigte behandelt, wenn die Mittel knapp sind?

Das Gesetz hat für diesen Fall eine sogenannte Rangfolge der Unterhaltsberechtigten geregelt, die seit dem 1. Januar 2008 folgendes vorsieht:

Sofern mehrere Unterhaltsberechtigte vorhanden sind und die Leistungsfähigkeit des Verpflichteten nicht ausreicht, um allen Berechtigten Unterhalt zu gewähren, so gilt die nachstehende Reihenfolge:

(1) Den absoluten Vorrang haben minderjährige unverheiratete Kinder und volljährige unverheiratete Kinder bis zur Vollendung des 21. Lebensjahres, solange sie im Haushalt eines Elternteils leben und sich in der allgemeinen Schulausbildung befinden.

(2) An zweiter Stelle im Rang stehen die Elternteile, die wegen der Betreuung eines Kindes unterhaltsberechtigt sind oder im Falle einer Scheidung wären, sowie Ehegatten bei einer Ehe von langer Dauer.

Nachrangig sind Ehegatten, die nicht unter die Ziffer 2 fallen, also jene, die nur kurz verheiratet waren und keine gemeinsamen minderjährigen Kinder betreuen. Aber auch Kinder, die beispielsweise wegen eines Studiums noch unterhaltsbedürftig, aber über einundzwanzig Jahre alt sind. Ferner sind Enkelkinder und Eltern nachrangig.

Hierzu ein Beispiel, das die Folgen der Gesetzesänderungen aufzeigt:

Fall 1 – Scheidung: Der Ehemann ist leitender Angestellter und hat Erwerbseinkünfte in Höhe von 7000 € netto. Die Eheleute bewohnen eine luxuriöse Villa. Die monatliche Finanzierungsrate übersteigt den Wohnvorteil um 1000 €. Neben dem Firmenfahrzeug sind monatliche Leasingraten in Höhe von 1800 € für einen PKW Porsche Carrera zu zahlen. Für eine zusätzliche Altersversorgung werden 800 € monatlich aufgewandt. Das unterhaltsrelevante Einkommen beträgt nach Abzug dieser Positionen 3400 €. In Abzug zu bringen ist ferner der Kindesunterhalt für den sechzehn Jahre alten Sohn mit 490 € und die zehn Jahre alte Tochter mit 417 €. Es verbleiben 2493 €. Nach Abzug des Erwerbstätigenbonus (variiert je nach Bundesland) erhält die Ehefrau ohne eigene Einkünfte 1086 €.

M netto bereinigt	3400 €
Kind 1:	490 €
Kind 2:	417 €
verbleiben	2493 €
abzüglich $1/7$ =	356 €
verbleiben	2137 €,

hiervon $1/2$ = 1068 € = Unterhaltsanspruch der Ehefrau

Fall 2 – Neue Beziehung mit gemeinsamem Kind: Das unterhaltsrelevante Einkommen beträgt auch hier 3400 €. In Abzug zu bringen ist der Kindesunterhalt für den sechzehn Jahre alten Sohn mit 490 € und die zehn Jahre alte Tochter mit 417 €. Es verbleiben 2493 €. Der Ehemann hat mit seiner neuen Partnerin ein weiteres Kind, ein Jahr alt. Dies verändert die Unterhaltsberechnung wie folgt:

Unterhaltsrelevantes Einkommen	3400 €
./. K 1, sechzehn Jahre alt	490 €
./. K 2, zehn Jahre alt	417 €
./. K 3, 1 Jahr alt	344 €
verbleibendes Einkommen	2149 €
abzüglich $1/7$ =	307 €
verbleiben	1842 €

Nach Abzug des Selbstbehaltes von 1000 € stehen für den Unterhalt der Ehefrau und der neuen Partnerin zusammen nur noch 842 € zur Verfügung, da sie im zweiten Rang den minderjährigen Kindern nachrangig sind. Den Betrag in Höhe von 842 € erhalten die Ehefrau und die neue Partnerin je zur Hälfte, also jede 421,00 €.

Fall 3: Wiederum liegt das unterhaltsrelevante Einkommen bei 3400 €. Die Eheleute haben keine gemeinsamen Kinder. Die Ehe dauerte sieben Jahre, ist also keine lange Ehe im Sinne des Gesetzes. Der Ehemann hat eine neue Partnerin und mit ihr zwei gemeinsame Kinder.

Unterhaltsrelevantes Einkommen	3400 €
./. K 1, 3 Monate alt	344 €
./. K 2, 2 Jahre alt	344 €
verbleibendes Einkommen	2712 €
abzüglich 1/7 =	387,40 €
verbleiben	2324,60 €

Nach Abzug des Selbstbehaltes von 1000 € stehen für den Unterhalt der neuen Partnerin und der Ehefrau, die keine gemeinsamen Kinder betreut, insgesamt 1324,60 € zu Verfügung. Die Ehefrau ist jedoch nachrangig, da zuerst die Unterhaltsansprüche der minderjährigen Kinder, dann die der betreuenden Partnerin und zuletzt die der „sonstigen" Ehegatten befriedigt werden. Bei dem zur Verfügung stehenden Betrag wird der Unterhaltsbedarf der Ehefrau nicht gedeckt.

2. Höhe des Unterhalts

▸ Wie hoch ist der Unterhalt für ein minderjähriges Kind?

Die Höhe ergibt sich beim Kindesunterhalt aus der „Düsseldorfer Tabelle" sowie den Unterhaltsleitlinien der jeweiligen Oberlandesgerichte.

▸ Was bedeuten diese Leitlinien?

Jedes Oberlandesgericht hat seine „eigenen" Regeln, wie es die Düsseldorfer Tabelle und damit verbundene Unterhaltsgrundsätze anwendet. Im Laufe der letzten Jahre haben sich die Gerichte angenähert. Eine Einheitlichkeit besteht jedoch nicht. Es ist daher wichtig, neben der eigentlichen Düsseldorfer Tabelle, die bundesweit gilt, auch die Leitlinien des jeweils zuständigen Oberlandesgerichtes zu kennen. Im Anhang sind einige Leitlinien auszugsweise abgedruckt, vgl. S. 101ff.

▸ Wie „funktioniert" die Düsseldorfer Tabelle?

Die Düsseldorfer Tabelle unterscheidet bei den minderjährigen Kindern zwischen drei Altersstufen:

- die erste Altersstufe gilt von Geburt an bis fünf Jahre;
- die zweite Altersstufe für sechs bis elf Jahre alte Kinder und
- die dritte Altersstufe für zwölf bis siebzehn Jahre alte Kinder.

Ferner orientiert sich die Tabelle an dem bereinigten Nettoeinkommen des Unterhaltsverpflichteten und unterteilt dies wiederum in zehn Einkommensgruppen.

Sofern der Unterhaltsverpflichtete über ein monatliches Nettoeinkommen von mehr als 5100 €. verfügt, bedarf es einer individuellen Überprüfung des angemessenen Kindesunterhalts.

▸ Wie hoch ist der Ehegattenunterhalt?

Beim Ehegattenunterhalt ist die Höhe des Unterhalts anhand des Bedarfs nach den ehelichen Lebensverhältnissen zu beurteilen. Dementsprechend kann die Berechnung des Unterhalts nach einer Quote oder aber bei sehr hohen oder im Einzelfall schwer feststellbaren Einkünften des Pflichtigen nach dem konkreten Bedarf errechnet werden.

Soweit von dem Unterhaltsbetrag der gesamte Bedarf des Berechtigten abzudecken ist, betrifft dies natürlich nicht nur die Kosten für Wohnung, Kleidung und Lebensmittel. Vielmehr umfasst der Unterhaltsanspruch neben diesem Elementarunterhalt auch den Altersvorsorgeunterhalt für die Bildung von Rücklagen in Rentenversicherungen und den Krankenvorsorgeunterhalt zur Begleichung der monatlichen Prämie in der Kranken- und Pflegeversicherung. Die beiden letzteren Bestandteile des Unterhaltsanspruchs müssen gesondert geltend gemacht werden.

3. Geltendmachung von Unterhalt

▸ Wann muss Unterhalt geltend gemacht werden?

Da Unterhalt seiner Bestimmung nach zur Deckung der täglichen Lebenshaltungskosten dient, ist grundsätzlich davon auszugehen, dass Unterhalt für die Vergangenheit generell nicht verlangt werden kann. Der Unterhaltsverpflichtete muss erst ab dem Monat Unterhalt zahlen, in dem er zur Zahlung konkret aufgefordert wird. Ausreichend ist in diesem Zusammenhang auch, dass Auskunft über sein Einkommen zur Berechnung der Höhe des Unterhalts verlangt wird. Sollen also Unterhaltsansprüche geltend gemacht werden, muss dies bei Trennung unverzüglich geschehen.

Anderenfalls wird unterstellt, dass der Berechtigte in der Lage ist, sich selbst zu unterhalten.

▸ Kann mein Unterhaltsanspruch verfallen?

Ja, denn in diesem Zusammenhang gilt es zu berücksichtigen, dass trotz Inverzugsetzung durch eine konkrete Zahlungsaufforderung oder ein Auskunftsverlangen der Unterhaltsanspruch verwirkt sein kann. Sofern der Bedürftige über einen längeren Zeitraum nach der Auskunftserteilung oder der Untätigkeit des Verpflichteten nichts unternimmt, wird ihm dies nachteilig ausgelegt. Unterhalt ist eine Zahlung, die dringend benötigt wird, um die täglichen Lebenshaltungskosten abzudecken. Wer über mehrere Monate oder gar Jahre seinen Unterhaltsanspruch nicht verfolgt, dokumentiert, dass er nicht bedürftig ist.

Bei der Geltendmachung von Unterhalt kommt es also immer auf eine zeitnahe Geltendmachung und Durchsetzung der Ansprüche an.

▸ Wie gehe ich vor, wenn sich der Unterhaltsverpflichtete weigert, den Unterhalt zu zahlen?

Zunächst sollten Sie sich anwaltlicher Hilfe bedienen und vorzugsweise einen Fachanwalt oder eine Fachanwältin für Familienrecht konsultieren. Die Bezeichnung „Fachanwalt" wird von der Rechtsanwaltskammer an die Anwälte verliehen, die an einem umfangreichen Fachlehrgang für Familienrecht teilgenommen und die im Anschluss gestellten Klausuren erfolgreich bestanden haben. Ferner müssen praktische Erfahrungen durch die Bearbeitung einer Vielzahl von Familiensachen nachgewiesen werden. Fachanwälte unterliegen generell der Auflage, jährliche Fortbildung zu betreiben und dies der Anwaltskammer nachzuweisen.

Ihr Anwalt wird die Unterhaltsansprüche zunächst außergerichtlich schriftlich geltend machen. Sollte dies nicht zum gewünschten Erfolg führen, bleibt die Möglichkeit der gerichtlichen Auseinandersetzung. Der Trennungsunterhalt wird mit einem isolierten Klageverfahren verfolgt. Bei besonderer Eilbedürftigkeit, wenn beispielsweise keine eigenen Einkünfte und kein eigenes

Vermögen für Zeit bis zur endgültigen Regelung zur Verfügung stehen, besteht die Möglichkeit eines Eilverfahrens. Der Unterhalt wird dann vorläufig mit einer einstweiligen Anordnung geregelt. Gleiches gilt für den Kindesunterhalt.

Der nacheheliche Unterhalt wird in der Regel als Folgesache im Rahmen des Scheidungsverfahrens geltend gemacht, wenn eine außergerichtliche Regelung nicht möglich ist.

▸ Wie verhalte ich mich, wenn eine Unterhaltsforderung geltend gemacht wird?

Auch dem Unterhaltspflichtigen ist dringend zu empfehlen, anwaltliche Beratung in Anspruch zu nehmen, um die Rechtmäßigkeit der Forderung überprüfen zu lassen. Die widerspruchslose Akzeptanz einer Unterhaltsforderung und das Zahlen über mehrere Monate hinweg kann Tatsachen schaffen: Es kann ein Indiz sowohl für die Leistungsfähigkeit des Verpflichteten, als auch für den Bedarf des Berechtigten sein.

▸ Was ist, wenn zu viel Unterhalt gezahlt wurde?

Vorsicht ist bei der pauschalierten Zahlung von Unterhalt ohne eine konkrete Berechnung geboten. In der Praxis scheitert die Rückforderung von zuviel gezahltem Unterhalt, wenn der Unterhaltsberechtigte nachweisen kann, dass er die Zahlungen ausnahmslos für den laufenden Bedarf verbraucht hat. Aus diesem Grund ist dem Unterhaltsverpflichteten dringend zu empfehlen, vor einer Zahlung an den Unterhaltsberechtigten die konkrete Höhe berechnen zu lassen und so eine Überzahlung zu vermeiden.

II. Der Unterhaltsanspruch des minderjährigen Kindes

Der Anspruch des Kindes auf Unterhalt ist in § 1601 BGB geregelt, wobei Voraussetzung dieses Anspruchs die leibliche Abstammung des Kindes von den Unterhaltsverpflichteten ist. Eine Unterscheidung, ob die Eltern miteinander verheiratet waren oder nicht wird nicht getroffen.

Bei dem minderjährigen Kind steht im Vordergrund das „Kind sein". Kinder haben keine eigene Lebensstellung, denn sie sind in vollem Umfang von den Eltern abhängig. Und dies macht es auch so wichtig, die Interessen des Kindes und seiner Versorgung in den Vordergrund zu stellen. Kinder können nicht ihre Kasse aufbessern, in dem sie einen Nebenjob aufnehmen, um den monatlichen Unterhalt abzusichern. Sofern die Eltern in wirtschaftlich schlechten Verhältnissen leben, gilt dies auch für die Kinder. Verfügen die Eltern über hohe Einkünfte und Vermögen, partizipieren in der Regel auch die Kinder davon. Dies beginnt mit dem räumlichen Umfeld bis hin zu der Kleidung, der Privatschule und dem Privatunterricht in Sport und Musik. In diesen Fällen wird der Unterhaltsbedarf eines Kindes auch nicht mehr mit Tabellensätzen, sondern nach Bedarf ermittelt.

Der Lebensstandard wird daher von den Eltern geprägt und hängt von deren Einkommens- und Vermögensverhältnissen ab.

1. Art der Unterhaltsgewährung

▸ Haben Kinder generell Anspruch auf eine Geldzahlung?

Nein, Eltern sind zwar verpflichtet den gesamten Lebensbedarf des Kindes abzudecken. Sie haben aber das Recht zu bestimmen, in welcher Art und Weise sie den Unterhalt erbringen.

Bei intakter Ehe werden sich die Eltern in der Regel hierüber einig sein. Das Kind lebt im Haushalt der Familie und wird hier umfassend versorgt. Geleistet wird eine Art von Naturalunterhalt. Das Wohnen in der Wohnung oder in dem Haus der Familie, das tägliche Versorgen mit Mahlzeiten, das Waschen der Wäsche und natürlich die Pflege und Erziehung des Kindes. Eben all das, was Kinder üblicherweise von ihren Eltern täglich erhalten. „Bargeld" gibt es regelmäßig nur in Form von Taschengeld.

2. Die Düsseldorfer Tabelle

Die nachstehende Tabelle ist die Düsseldorfer Tabelle, die Grundlage der Berechnung des Kindesunterhalts ist:

	Nettoeinkommen des Barunterhaltspflichtigen	Altersstufen in Jahren				Prozentsatz
		0–5	6–11	12–17	ab 18	
1.	bis 1500	279	322	365	408	100
2.	1501–1900	293	339	384	429	105
3.	1901–2300	307	355	402	449	110
4.	2301–2700	321	371	420	470	115
5.	2701–3100	335	387	438	490	120
6.	3101–3500	358	413	468	523	128
7.	3501–3900	380	438	497	555	136
8.	3901–4300	402	464	526	588	144
9.	4301–4700	425	490	555	621	152
10.	4701–5100	447	516	584	653	160
	ab 5101	nach den Umständen des Falles				

▸ Wann gilt die „Düsseldorfer Tabelle"?

Leben die Eltern getrennt voneinander, bestimmt der Elternteil, in dessen Haushalt das Kind lebt, in welcher Form die Unterhaltsleistung zu erfolgen hat. Regelmäßig wird der Elternteil, in dessen Obhut das Kind ist, den so genannten Naturalunterhalt durch die täglichen Versorgungsleistungen erbringen.

Der Elternteil, in dessen Haushalt das Kind nicht lebt, ist zum Barunterhalt verpflichtet. Diese Aufteilung führt nicht selten zu Auseinandersetzungen der Eltern. Wenn die finanziellen Verhältnisse nicht sehr gut sind, wird der Unterhaltsverpflichtete neben dem Barunterhalt den er leistet, keine ausreichenden Mittel mehr haben, um das Kind an den Besuchswochenenden oder in den Urlauben großzügig zu verwöhnen, beispielsweise mit einem „Shoppingausflug" in die Stadt. Der Elternteil, in dessen Haushalt das Kind lebt, bestimmt die Form des Unterhalts. In nahezu allen Fällen ist dies die reine Zahlungsverpflichtung. Eltern können aber auch – sofern sie sich hierüber verständigen – Alternativlösungen finden. Der Barunterhalt wäre dann zu reduzieren, wenn der Verpflichtete Kosten des Kindes direkt trägt, wie beispielsweise den Einkauf notwendiger Kleidungsstücke. Diese Vorgehensweise setzt aber voraus, dass die Eltern sich hierüber einig sind.

Grundsätzlich kommt eine Reduzierung der Unterhaltszahlung wegen der Besuchswochenenden oder der Ferien nicht in Betracht. Es bleibt bei den Tabellensätzen. Nicht selten entsteht der Gedanke, den monatlichen Unterhaltsbetrag zu halbieren, wenn das Kind in den Ferien zwei Wochen mit dem Unterhaltsverpflichteten verreist. Dies ist jedoch nicht möglich, da die Düsseldorfer Tabelle bei der Höhe der dort genannten Tabellensätze bereits einkalkuliert hat, dass sich die Kinder regelmäßig bei beiden Elternteilen aufhalten und auch die Ferien mit beiden Elternteilen verbringen. Etwas anderes gilt nur dann, wenn die Eltern ein Betreuungsmodell gewählt haben, das einen exakt hälftigen Aufenthalt des Kindes bei beiden Elternteilen vorsieht.

Die Höhe des zu zahlenden Barunterhalts bestimmt sich also nach der Düsseldorfer Tabelle, ergänzt um die Leitlinien des je nach Wohnort zuständigen Oberlandesgerichtes.

▸ Gibt es einen Betrag, der auf jeden Fall als Minimum an das Kind zu zahlen ist?

Ja, § 1612a BGB regelt einen Mindestunterhalt. Es handelt sich hierbei um das Existenzminimum eines Kindes, abgeleitet nach steuerrechtlichen Vorschriften.

Der Mindestunterhalt beträgt, je nach Alter des Kindes

- 0–5 Jahre 265 €
- 6–11 Jahre 304 €
- ab 12 Jahre 356 €

Wie der Name schon sagt, ist dies der Mindestunterhalt, also der Betrag, auf den das minderjährige Kind unbedingt Anspruch hat. Selbstverständlich wird auch hier die Leistungsfähigkeit des Unterhaltsverpflichteten berücksichtigt. Aufgrund der gegenüber minderjährigen Kindern gesteigerten Unterhaltsverpflichtung ist aber jede Anstrengung zu unternehmen, um wenigstens diesen Mindestunterhalt sicherzustellen. Notfalls hat der Verpflichtete seine Leistungsfähigkeit zu steigern, in dem er sein Einkommen durch die Aufnahme einer weiteren Erwerbstätigkeit erhöht. Die Gerichte legen in diesem Zusammenhang einen sehr strengen Maßstab an. Das Kind ist nicht in der Lage, sich selbst zu ernähren und daher von den Unterhaltszahlungen abhängig. Wenn das reguläre Einkommen, etwa wegen hoher Schulden, nicht ausreicht, muss jede Möglichkeit genutzt werden. Dabei ist dem „normal" Erwerbstätigen auch zuzumuten, vor oder nach der Arbeit noch einen „Minijob" auszuüben, der den Bedarf des Kindes deckt.

Sollte trotz aller zumutbarer Anstrengungen eine Leistungsfähigkeit nicht gegeben sein, besteht die Möglichkeit bei dem zuständigen Jugendamt einen sogenannten Unterhaltsvorschuss für das Kind zu beantragen. Es handelt sich hierbei um eine Sozialhilfeleistung für das Kind. Ob die Voraussetzungen für eine Zahlung vorliegen, ist von dem Einzelfall abhängig und wird durch das Jugendamt geprüft. Wie der Name schon sagt, handelt es sich um einen Vorschuss. Das Jugendamt wird ersuchen, die gezahlten Beträge von dem Unterhaltsverpflichteten zurückzufordern, gegebenenfalls auch erst zu einem späteren Zeitpunkt.

▸ Wie wird der zu zahlende Unterhaltsbetrag ermittelt?

Die Düsseldorfer Tabelle unterscheidet zunächst zwischen dem Alter der Kinder. Je älter das Kind, um so höher der Zahlbetrag. Da sich die Lebensstellung des minderjährigen Kindes insgesamt an den Eltern orientiert, ist die Höhe des Unterhalts neben dem

Alter primär von dem Einkommen des Unterhaltsverpflichteten abhängig.

Die Düsseldorfer Tabelle ist in zehn Einkommensgruppen eingeteilt:

Monatliches Nettoeinkommen bis zu 1500 €
1900 €
2300 €
2700 €

usw., jeweils in 400 € Schritten

Je höher also das Einkommen des Verpflichteten, um so höher der zu zahlende Unterhalt. Daraus folgt, dass bei einer späteren Veränderung des Einkommens, auch der Kindesunterhalt anzupassen ist.

Beispiel: Nach der Trennung der Eltern leben die Kinder Max (2 Jahre alt) und Stella (7 Jahre alt) bei der Mutter. Die Mutter ist wegen der Betreuung der Kinder noch unterhaltsberechtigt. Der Vater verfügt über ein monatliches Nettoeinkommen in Höhe von 3450 €. Das Einkommen wurde vorab um bestehende Darlehensraten und berufsbedingte Aufwendungen bereinigt. Wie hoch ist der Kindesunterhalt?

Zunächst ist die Einkommensgruppe zu ermitteln. Der Vater liegt mit seinem Einkommen in Höhe von 3450 € in der Einkommensgruppe 6 (3101 €–3500 €). Der Sohn Max ist mit seinen zwei Jahren in der ersten Altersgruppe (0–5 Jahre). Der Tabellenbetrag beläuft sich auf 380 €. Die Tochter Stella ist sieben Jahre alt und in der zweiten Altersgruppe (6–11 Jahre). Der Tabellenbetrag ist hier mit 413 € vorgegeben. Nach der Düsseldorfer Tabelle beträgt der Unterhalt für die beiden Kinder 380 € und 413 €. Die Mutter erhält das staatliche Kindergeld, das zugunsten des Unterhaltsverpflichteten hälftig berücksichtigt wird.

▸ Gibt es Besonderheiten bei der Anwendung der Düsseldorfer Tabelle?

Die Düsseldorfer Tabelle geht in ihrer Anwendung von einem unterhaltsberechtigtem Ehegatten und zwei unterhaltsberechtigten Kindern aus. Schuldet der Unterhaltsverpflichtete weniger Personen Unterhalt, kann eine Höherstufung erfolgen.

Beispiel: Die Eheleute haben eine gemeinsame Tochter, die 13 Jahre alt ist. Das Kind lebt im Haushalt der Mutter, die aber eigene Einkünfte erzielt und nicht unterhaltsbedürftig ist. Der Vater ist dem Kind zum Barunterhalt verpflichtet. Er verfügt über ein bereinigtes Nettoeinkommen in Höhe von 3000 €. Das staatliche Kindergeld erhält die Mutter.

Grundsätzlich wäre der Vater aufgrund seines Einkommens in die Gehaltsstufe 5 einzuordnen. Da er jedoch nur gegenüber dem minderjährigen Kind zum Unterhalt verpflichtet ist, erfolgt eine Höhergruppierung um zwei Stufen, also in Einkommensgruppe 7. Der Tabellenbetrag beläuft sich auf 497 € monatlich. Das hälftige Kindergeld ist in Abzug zu bringen. Der Vater hat monatlich 420 € an Kindesunterhalt zu zahlen.

Wie verändert sich der Unterhalt der Tochter, wenn der Vater auch gegenüber der Ehefrau zum Unterhalt verpflichtet ist und es ein weiteres Kind gibt?

Es erfolgt dann keine Höherstufung, so dass der Unterhalt aus der Einkommensgruppe 5 erfolgt. Der Unterhaltsanspruch der Tochter beläuft sich dann nach Abzug des hälftigen Kindergeldes auf 361 € monatlich.

Verfügt der Unterhaltsverpflichtete über ein Monatseinkommen, das über 5100 € liegt, kommt eine pauschale Anwendung der Sätze der Düsseldorfer Tabelle nicht in Betracht. Es wird unterstellt, dass die Eheleute bei Einkünften in dieser Höhe einen entsprechenden Lebensstandard hatten, in dem auch das Kind oder die Kinder aufgewachsen sind. Es ist in diesem Fall auf den konkreten Bedarf des Kindes abzustellen, der durch das hohe Einkommen der Eltern geprägt war. Sofern der Unterhaltsverpflichtete in diesem Umfang auch weiterhin leistungsfähig ist, wird Kindesunterhalt geschuldet, der dem Kind eine Beibehaltung des Lebensstandards ermöglicht.

Der Elternteil, in dessen Haushalt das Kind lebt und der auch den Kindesunterhalt geltend macht, hat die konkret benötigten Beträge zusammenzustellen. Es sind Einzelpositionen aufzulisten, beispielsweise für Kleidung, Wohnen, Essen, Urlaube, Musikunterricht, Sport, Hobbys, etc. Anhand der Ausgaben eines Jahres sollten die durchschnittlichen Aufwendungen dessen ermittelt werden, was das Kind benötigt.

Sollten die Eltern trotz des hohen Einkommens bescheiden gelebt haben, da die Einkünfte im Wesentlichen der Vermögensbildung zugeführt wurden, kann auch bei einem Einkommen von über 5100 € monatlich die Düsseldorfer Tabelle, dann mit der Einkommensgruppe 10, zugrunde gelegt werden.

3. Das staatliche Kindergeld

▸ Wer bekommt das staatliche Kindergeld?

Das staatliche Kindergeld erhält nach der Trennung der Ehepartner, also derjenige Elternteil, in dessen Haushalt das Kind lebt. Wird an den anderen Ehegatten ausgezahlt, ist ein Antrag bei der Kindergeldkasse zu stellen.

▸ Wie hoch ist das Kindergeld?

Es beträgt für die ersten drei Kinder (derzeit, Pläne zur Änderung sind in der politischen Diskussion) jeweils 154 € monatlich und ab dem vierten Kind 179 € monatlich.

▸ Wird das Kindergeld bei der Höhe des Unterhalts berücksichtigt?

Unabhängig davon, wer das staatliche Kindergeld erhält, ist es stets zwischen den Eltern zu teilen. Der Unterhaltsverpflichtete, der Barunterhalt leistet, weil das Kind bei dem anderen Elternteil lebt, ist also berechtigt, den Betrag in Höhe von 77 € von dem Tabellenbetrag der Düsseldorfer Tabelle in Abzug zu bringen.

Der so ermittelte monatliche Kindesunterhalt ist für das minderjährige Kind zu Händen des betreuenden Elternteils zu zahlen.

Aus der vorstehenden Verrechnung des staatlichen Kindergeldes ergeben sich folgende Zahlungsverpflichtungen, die in der nachstehenden Tabelle zusammengefasst sind.

1. bis 3. Kind		0–5	6–11	12–17	ab 18	%
1.	bis 1500	202	245	288	254	100
2.	1501–1900	216	262	307	275	105
3.	1901–2300	230	278	325	295	110

1. bis 3. Kind		0–5	6–11	12–17	ab 18	%
4.	2301–2700	244	294	343	316	115
5.	2701–3100	258	310	361	336	120
6.	3101–3500	281	336	391	369	128
7.	3501–3900	303	361	420	401	136
8.	3901–4300	325	387	449	434	144
9.	4301–4700	348	413	478	467	152
10.	4701–5100	370	439	507	499	160

▸ Muss von dem Unterhalt nach der Düsseldorfer Tabelle alles für das Kind gezahlt werden?

Nein, denn das minderjährige Kind hat ferner Anspruch auf den so genannten Mehrbedarf und Sonderbedarf. Bei der Übernahme durch den Unterhaltsverpflichteten sind jedoch stets dessen Einkommens- und Vermögensverhältnisse zu berücksichtigen. Durch die Trennung der Ehepartner und das Führen eines zweiten Haushaltes kann es bei begrenzten finanziellen Verhältnissen angezeigt sein, das eine oder andere „Extra" aufzugeben.

4. Mehrbedarf und Sonderbedarf

▸ Was ist Mehrbedarf?

Hierbei handelt es sich um Ausgaben, die regelmäßig und über einen längeren Zeitraum anfallen. Ferner muss es sich um Kosten handeln, die in den Tabellenbeträgen der Düsseldorfer Tabelle nicht enthalten sind. Dabei wird es auch hier auf die bisherigen Kosten zu Zeiten des intakten Zusammenlebens der Eltern ankommen. Ferner spielen die gesamten finanziellen Verhältnisse der Familie eine Rolle. Selbstverständlich wird es nicht zu akzeptieren sein, wenn nach der Trennung Aufwendungen produziert werden, die nicht dem bisherigen Lebensstandard der Eltern und des Kindes entsprachen. So kann es aber durchaus sein, dass ein Kind, das bisher ein guter Schüler war, nach der Trennung seiner

Eltern in den schulischen Leistungen abfällt und Nachhilfe benötigt.

Mehrbedarf ist beispielsweise

- ein zu zahlendes Schulgeld für eine Privatschule,
- Medikamente, besondere Nahrungsmittel oder
- sonstige Mehrkosten wegen der Erkrankung und/oder Behinderung des Kindes,
- ferner beispielsweise ein benötigter Nachhilfeunterricht.

▸ Und was ist Sonderbedarf?

Sonderbedarf ist gleichermaßen von den Tabellensätzen der Düsseldorfer Tabelle nicht erfasst. Hierbei handelt es sich um eine außergewöhnlich hohe und in der Regel einmalige Ausgabe. Dies sind beispielsweise

- die Kosten für eine kieferorthopädische Behandlung oder
- sonstige nicht vorhersehbare Krankheitskosten.

Sonderbedarf sind auch die Kosten einer Klassenfahrt oder eines Schüleraustausches mit Auslandsaufenthalt.

Demgegenüber sind die Kosten einer Konfirmation oder Kommunion nicht neben dem Tabellenunterhalt zu zahlen. Es handelt sich um vorhersehbare Ausgaben, für die von dem laufenden Unterhalt Rücklagen zu bilden sind.

Bei der Frage, ob und in welcher Höhe der Unterhaltsverpflichtete sich an den Kosten zu beteiligen hat, ist auch von Belang, aus welcher Einkommensgruppe der Kindesunterhalt gezahlt wird und ob eine Rücklagenbildung dem betreuenden Elternteil zumutbar ist. Auf jeden Fall ist der Unterhaltsverpflichtete so früh wie möglich über die Kosten des Sonderbedarfs zu informieren. Er muss sich auf diese Ausgabe einstellen können.

5. Die Eigeneinkünfte des Kindes

▸ Werden eigene Einkünfte des Kindes berücksichtigt?

Sofern das minderjährige Kind über eigene Einkünfte verfügt, sei es aus Kapitalvermögen oder aus einer Erwerbstätigkeit (Ferienjob, Ausbildung) werden diese zu 50% mit dem Bar- und Naturalunterhalt verrechnet.

Beispiel: Der 17-jährige Sohn befindet sich in der Ausbildung. Er erhält eine monatliche Vergütung, die nach Abzug der Fahrtkosten 500 € beträgt. An die Mutter wird ein monatlicher Kindesunterhalt in Höhe von 478 € gezahlt. Das Kindergeld wurde dabei bereits hälftig in Abzug gebracht. Der Tabellenbetrag beläuft sich auf 555 €, da der Sohn mit seinen 17 Jahren in der dritten Altersgruppe ist und der Vater über ein monatliches Nettoeinkommen in Höhe von 4500 € verfügt. Das Einkommen des Sohnes ist zu 50% anzurechnen. Die Mutter erhält jetzt nur noch einen monatlichen Unterhalt in Höhe von 228 €.

▸ Wird der Kindesunterhalt direkt an das Kind gezahlt?

Nein, der Unterhalt für das minderjährige Kind wird immer „zu Händen“ des betreuenden Elternteils gezahlt. Das heißt, der Ehegatte, in dessen Haushalt das Kind lebt, macht den Unterhaltsanspruch für das Kind geltend und erhält auch die Zahlung auf sein Konto.

Erst ab Volljährigkeit des Kindes ist die monatliche Zahlung direkt an das Kind zu leisten.

III. Der Unterhaltsanspruch des volljährigen Kindes

Grundsätzlich ist das volljährige Kind als Erwachsener zu behandeln und damit verpflichtet, eigenverantwortlich für den notwendigen Lebensbedarf zu sorgen. Ein Unterhaltsanspruch besteht nur, solange sich das volljährige Kind in Ausbildung befindet, wobei zwischen der Schulausbildung und der Berufsausbildung unterschieden wird. Das volljährige Kind genießt insbesondere im Hinblick auf die Rangfolge bei mehreren Unterhaltsberechtigten eine Sonderstellung, solang es noch nicht 21 Jahre alt ist, bei einem Elternteil lebt und sich in allgemeiner Schulausbildung befindet.

1. Anspruchsberechtigung und Verpflichtung

▸ Wer macht den Unterhaltsanspruch für das Kind geltend?

Mit der Volljährigkeit des Kindes geht der Unterhaltsanspruch auf das Kind selbst über. Er kann nicht mehr von dem Elternteil geltend gemacht werden, in dessen Haushalt das Kind lebt. Die Zahlung hat ab dem 18. Lebensjahr an das Kind selbst zu erfolgen und nicht mehr auf das Konto des zuvor betreuenden Elternteils.

▸ Wer muss den Volljährigenunterhalt zahlen?

Der Unterhaltsanspruch des volljährigen Kindes richtet sich jetzt gegen beide Elternteile, die entsprechend ihrer Einkünfte für den Unterhalt haften. Grund hierfür ist, dass mit dem Erreichen des 18. Lebensjahres der Naturalunterhalt durch Versorgung im elterlichen Haushalt entfällt. Der Gesetzgeber geht davon aus, dass das volljährige Kind keiner Betreuung und Versorgung durch einen Elternteil bedarf. Beide Eltern haben eine Geldzahlung zu leisten.

▸ Wie lange muss Unterhalt für das volljährige Kind gezahlt werden?

Eltern sind verpflichtet, die Kosten für eine Ausbildung zu übernehmen. Das kann ein Studium sein oder eine klassische Berufsausbildung/Lehre. Dabei sind Begabung, Fähigkeiten und Neigung des Kindes zu berücksichtigen. Ferner müssen die Kosten für die Eltern wirtschaftlich zumutbar sein.

2. Dauer der Unterhaltspflicht

▸ Was ist, wenn das Kind im Studium „bummelt"?

Das volljährige Kind ist verpflichtet, die Ausbildung zielstrebig zu absolvieren. Erhebliche Überschreitungen der Regelstudienzeit sind von den Eltern nicht zu finanzieren. Sie haben darüber hinaus das Recht, die Vorlage von Scheinen, Studienbescheinigungen oder sonstigen Zeugnissen zu verlangen. Eltern sind also nicht verpflichtet, ein „Bummelstudium" oder etwa mehrere Urlaubssemester zu finanzieren.

▸ Besteht auch dann eine Unterhaltsverpflichtung, wenn eine Ausbildung abgebrochen und die nächste begonnen wird?

Ein Anspruch auf eine zweite Ausbildung besteht grundsätzlich nicht. Allerdings können Eltern verpflichtet sein, diese Kosten zu übernehmen, wenn sie auf die Eignung und Begabung des Kindes keine ausreichende Rücksicht genommen haben oder die gewählte Ausbildung eine Fehlentscheidung aller Beteiligten war.

Von der Zweitausbildung zu unterscheiden ist die Weiterbildung: Sofern der eingeschlagene Ausbildungsweg in einem zeitlich engen und fachlichen Zusammenhang steht, sind Eltern verpflichtet, die Kosten dieser weiteren Ausbildung zu übernehmen.

Beispiele:

- Ausbildung zur Rechtsanwaltsfachangestellten und anschließendes Jura-Studium.
- Ausbildung zur Arzthelferin und anschließendes Medizinstudium.
- Ausbildung zum Bankkaufmann und anschließendes Studium der Betriebswirtschaftslehre.

Es muss eine sogenannte Einheitlichkeit der Ausbildung bestehen, das heißt die zweite Ausbildung baut unmittelbar auf die erste Ausbildung auf. Ein Unterhaltsanspruch für diese Weiterbildung ist natürlich nur dann zu realisieren, wenn die Eltern aufgrund ihrer wirtschaftlichen Verhältnisse hierzu überhaupt in der Lage sind.

3. Eigeneinkommen des Volljährigen

▸ Wird das eigene Einkommen des Kindes berücksichtigt?

Anders als bei Minderjährigen, ist bei Volljährigen das gesamte Einkommen, das aus einer Erwerbstätigkeit erzielt wird, auf den Barunterhalt anzurechnen.

Beispiel: Die Eheleute leben in Frankfurt und haben eine gemeinsame Tochter, die in Heidelberg studiert und dort auch ein kleines Appartement bewohnt. Sie zahlen einen monatlichen Barunterhalt in Höhe von 486 €. Das staatliche Kindergeld in Höhe von 154 € wird gleichermaßen an die Tochter gezahlt, so dass sie insgesamt den angemessenen Regelbedarf in Höhe von 640 € zur Verfügung hat. Die Studiengebühren, Kosten der Krankenversicherung und die Aufwendungen für eine kleinen Pkw tragen die Eltern gesondert. Die Tochter nimmt einen Nebenjob auf und arbeitet stundenweise am Abend in einer „Studentenkneipe" als Bedienung. Sie verdient durchschnittlich im Monat 350 €. Welchen Unterhalt kann sie jetzt noch von den Eltern verlangen? Ihr Einkommen wird in voller Höhe auf den Unterhaltsanspruch angerechnet. Die Eltern müssen jetzt nur noch 136 € zahlen.

4. Die Höhe des Unterhalts

▸ Wie hoch ist der Unterhalt eines volljährigen Kindes?

Bei der Höhe des zu zahlenden Unterhalts an den Volljährigen unterscheidet der Gesetzgeber, ob das volljährige Kind im Haushalt eines Elternteils lebt oder einen eigenen Hausstand hat. Solange das Kind im Haushalt der Eltern lebt, wird seine Lebensstellung von deren Lebensstandard abgeleitet. Aus diesem Grund gilt insoweit die Stufe 4 der Düsseldorfer Tabelle (ab 18). Die Höhe des zu zahlenden Unterhalts orientiert sich also an der Höhe des Einkommens der Eltern, welches zusammengerechnet wird.

Beispiel: Der Vater verfügt über ein monatliches bereinigtes Einkommen in Höhe von ca. 2700 €. Die Mutter hat Einkünfte in Höhe von ca. 1300 €. Das 19-jährige Kind lebt im Haushalt der Mutter. Die Höhe des Unterhalts errechnet sich jetzt aufgrund des Alters des Kindes und des zusammen gerechneten Einkommens der Eltern. Dieses beläuft sich auf insgesamt 4000 €, also nach Einkommensgruppe 8 der Düsseldorfer Tabelle. Das Kind ist mit den 19 Jahren in der 4. Altersgruppe „ab 18". Der Tabellenbetrag beläuft sich auf 588 €. Das staatliche Kindergeld wird mit 154 € abgezogen, da dieses das Kind direkt erhält. Die Eltern haben also einen Unterhaltsanspruch in Höhe von 434 € zu befriedigen. Wie bereits ausgeführt, gibt es bei den volljährigen Kinder keine Unterscheidung mehr zwischen der Verpflichtung zum Barunterhalt und zum Naturalunterhalt. Beide Eltern haften entsprechend ihrem Einkommen als Teilschuldner für den Kindesunterhalt. Von dem Gesamteinkommen erzielt der Vater ca. $^2/_3$, die Mutter $^1/_3$. Dementsprechend ist die Zahlungsverpflichtung aufzuteilen. Der Vater muss von dem Kindesunterhalt in Höhe von 434 € einen Anteil von 290 € übernehmen, die Mutter in Höhe von 144 €.

▸ Welchen Unterhalt bekommen Studenten mit eigener Wohnung?

Soweit das volljährige Kind seinen eigenen Hausstand hat, zum Beispiel während des Studiums, so gilt ein fester Unterhaltsbetrag in Höhe von 640 €. Studiengebühren und Beiträge zur Kranken- und Pflegeversicherung sind in diesem Betrag nicht enthalten und somit extra zu zahlen. Bei diesem Pauschalbetrag sind Wohnkosten mit 270 € kalkuliert. Sofern die Eltern in gehobenen finanziellen Verhältnissen leben, ist bei einem erhöhten Bedarf des Kindes von diesem Pauschalbetrag abzuweichen und ein höherer Unterhalt zu zahlen. Dieser ist individuell zu ermitteln.

5. Das Kindergeld

▸ Wer erhält das staatliche Kindergeld?

Seit der Reform des Unterhaltsrechts zum 1. 1. 2008 ist das staatliche Kindergeld, das auch volljährige Kinder erhalten, bedarfsdeckend anzusetzen. Das heißt das volljährige Kind verfügt stets über Eigeneinkünfte in Höhe von derzeit mindestens 154 €. Eltern haften daher nur für den Restbedarf, sei es gemäß Düsseldorfer Tabelle oder festem Bedarfssatz.

IV. Der Unterhaltsanspruch des getrennt lebenden Ehegatten

Trennungsunterhalt kann gemäß § 1361 BGB verlangt werden, solange die Ehe zwar noch besteht, die Eheleute aber völlig getrennt voneinander leben. Der Anspruch auf Trennungsunterhalt beginnt also mit der Trennung und endet mit Rechtskraft des Scheidungsurteils. Das bedeutet, dass Trennungsunterhalt auch noch während des laufenden Scheidungsverfahrens gezahlt wird.

Grundsätzlich ist eine Trennung innerhalb der Ehewohnung möglich. Voraussetzung ist aber aus wirtschaftlicher Sicht, dass beide Eheleute einen getrennten Haushalt führen.

Nach der unmittelbaren Trennung der Eheleute errechnet sich nur in Einzelfällen der endgültige Unterhaltsbetrag, der dann auch während des Getrenntlebens gezahlt wird. Meist sind mehrere Berechnungen erforderlich. Grund hierfür ist, dass im Zuge der Trennung die finanziellen Verflechtungen der Eheleute zunächst auseinandergesetzt werden müssen. Gemeinsame Konten sind zu trennen und die jeweiligen Ausgaben sind zuzuordnen. Die Nutzung der Ehewohnung ist zu klären, ebenso wie die Frage der Erwerbsobliegenheiten. Diese Faktoren beeinflussen die Höhe des Trennungsunterhalts und sind schnellstmöglich zu regeln.

Ferner ändert sich im Jahr, das der Trennung folgt, die Steuerklasse, was im Regelfall zu einer Reduzierung des unterhaltsrelevanten Einkommens führt

1. Der Anspruch

▸ Wann besteht ein Anspruch auf Trennungsunterhalt?

Trennungsunterhalt ist dann zu zahlen, wenn ein Ehegatte mit seinen eigenen Einkünften nicht in der Lage ist, sich zu versorgen und der andere Ehegatte wiederum Einkünfte zur Verfügung hat, die seinen eigenen Bedarf übersteigen.

Voraussetzung ist also wieder die Unterhaltsbedürftigkeit und die Leistungsfähigkeit.

Mit der Trennung der Eheleute ist zunächst einmal jeder für sich selbst verantwortlich. Gleichwohl sind die Anforderungen an den Trennungsunterhaltsanspruch deutlich niedriger als für die Zeit nach der Scheidung. Alles steht noch unter dem Schutz der bestehenden Ehe und der Vorgabe des Gesetzgebers, dass eine Ehe erst dann zu scheiden ist, wenn die Eheleute mindestens ein Jahr voneinander getrennt gelebt haben.

Oftmals geht der Wunsch nach einer Trennung und/oder Scheidung nur von einem Ehepartner aus. Es kann daher nicht von beiden Ehegatten erwartet werden, dass sie „von heute auf morgen" finanziell selbständig sind. Das Trennungsjahr ist eine Art Übergangsphase. Dies gilt insbesondere für denjenigen, der nicht oder nur teilweise erwerbstätig war und sich auf die Versorgung durch den Ehepartner eingestellt und verlassen hat.

2. Die Höhe des Unterhalts

▸ Woran orientiert sich die Höhe des Trennungsunterhalts?

Die Höhe des zu zahlenden Trennungsunterhalts und damit die Bedürftigkeit eines jeden Ehegatten ist abhängig von den Einkommens- und Vermögensverhältnissen beider Eheleute. Es gibt keine festen Tabellensätze, Maßstab sind die ehelichen Lebensverhältnisse.

3. Eheliche Lebensverhältnisse

▸ Was bedeutet der Begriff „eheliche Lebensverhältnisse"?

Gemeint ist damit der ganz individuelle Lebensstandard der Eheleute, der sich aus allen wirtschaftlichen Faktoren zusammensetzt. Diese sind die Einkommens- und Vermögensverhältnisse, vorhandene Schulden sowie sonstige berufliche und familiäre Umstände. Es bedarf praktisch einer Art Bestandsaufnahme aller Einkünfte und Ausgaben beider Eheleute. Problematisch ist dies immer da, wo die Einnahmen die Ausgaben übersteigen. Nicht selten haben Eheleute über ihre Verhältnisse gelebt. Solange jedoch beide in „einen Topf" gewirtschaftet haben, ist dies irgendwie gegangen. Sofern nach der Trennung aber zwei Haushalte finanziert werden müssen, zeigt sich der finanzielle Missstand und die Tatsache, dass vor einer Bereinigung oder Umschuldung der Verbindlichkeiten kein Raum für Unterhaltsansprüche ist.

Für den Unterhaltsanspruch bilden also die ehelichen Lebensverhältnisse stets eine Art Obergrenze. Mehr als an Einkommen erzielt wurde, bereinigt um die Ausgaben, die dann wieder monatlich abgeflossen sind, kann bei einer Unterhaltsberechnung nicht verteilt werden. Denn mehr war an finanziellen Mitteln auch während des Zusammenlebens nicht vorhanden.

Beide Eheleute nehmen an den ehelichen Lebensverhältnissen gleichermaßen teil. Dies führt dazu, dass der maximale volle Unterhalt und damit auch der Bedarf eines jeden Ehegatten stets bei der Hälfte desjenigen liegt, was die ehelichen Lebensverhältnisse bestimmt hat. Abweichungen hiervon bestehen bei geringen Einkommensverhältnissen und dem unterhaltsrechtlichen Vorrang der minderjährigen Kinder. Das kann dazu führen, dass der Halbteilungsgrundsatz zu Lasten des Ehegatten nicht gewahrt wird, da das verbleibende Einkommen zur Befriedigung der Unterhaltsansprüche der minderjährigen Kinder benötigt wird. Diese erhalten seit der Reform des Unterhaltsrechts immer zuerst Geld. Nur wenn darüber hinausgehende Mittel zur Verfügung stehen, erfolgen Zahlungen an den unterhaltsberechtigten Ehegatten.

Ausnahmen bestehen auch bei sehr hohen Einkommensverhältnissen, wenn nicht das gesamte Einkommen für den Verbrauch eingesetzt wurde, sondern auch zur Vermögensbildung.

Beispiel: Die Ehemann ist erfolgreicher Unternehmer und erzielt monatliche Einkünfte in Höhe von 20.000 €. Nach der Geburt der Zwillinge, die heute zwei Jahre alt sind, hat die Ehefrau ihre Berufstätigkeit aufgegeben. Neben der Finanzierung für die von der Familie bewohnte Immobilie mit monatlich 4000 €, fließen weitere 5000 € in die Vermögensbildung und die Altersvorsorge. Dieser Betrag steht also nicht für den allgemeinen Lebensbedarf der Familie zur Verfügung und kann bei der Berechnung des Unterhalts nicht berücksichtigt werden.

4. Erwerbsobliegenheit

▶ **Besteht für den Ehegatten, der während des Zusammenlebens nicht oder nur wenig gearbeitet hat, die Pflicht, sofort nach der Trennung eine Erwerbstätigkeit aufzunehmen?**

Auch die Frage, wann der unterhaltsbedürftige Ehegatte einer Erwerbstätigkeit nachgehen muss, wird während des Getrenntlebens weniger streng beurteilt: Natürlich spielt es eine Rolle, ob der Ehegatte während des intakten Ehelebens einer Berufstätigkeit nachgegangen ist. Dann besteht selbstverständlich nicht die Berechtigung, diese Arbeit aufzugeben, um jetzt vom Ehepartner Unterhalt zu verlangen.

Etwas anderes gilt, wenn ein Ehepartner während des Zusammenlebens nicht erwerbstätig war. Von Interesse sind auch die wirtschaftlichen Verhältnisse beider Eheleute und nicht zuletzt die Dauer der Ehe. Sofern der Verpflichtete ein sehr hohes Einkommen hat und der Berechtige während einer 20-jährigen Ehe nie gearbeitet hat, besteht keine Verpflichtung unmittelbar nach der Trennung eine Erwerbstätigkeit aufzunehmen. Im Hinblick auf die Eigenverantwortung nach einer Scheidung sollten jedoch auch bei diesen Verhältnissen die Bemühungen um eine Erwerbstätigkeit rechtzeitig begonnen werden.

Ferner sollte auch während des Getrenntlebens realisiert werden, dass keine unbegrenzte Teilhabe an dem gelebten Standard mehr vorgesehen ist. Das betrifft insbesondere die Unterhaltsberechtigten, die in ausgesprochen luxuriösen Verhältnissen gelebt haben, die ausschließlich durch das hohe Einkommen und Vermögen des Partners bestimmt wurden. Eine Reduzierung des Unterhalts auf ein voreheliches Niveau wird sicher nicht von heute auf morgen vorgenommen werden, aber sukzessive, etwa durch Herabsetzung oder Begrenzung. Die Regel „Einmal Chefarztfrau, immer Chefarztfrau“ ist passé.

Fazit: Das Trennungsjahr wird sinnvoller Weise dazu genutzt, sich auf die veränderte Situation einzustellen und insbesondere auf die Tatsache, dass seit der Gesetzesänderung keine unbegrenzte Versorgung durch den geschiedenen Ehegatten erfolgt, weder der Höhe nach, noch zeitlich.

Der Gesetzgeber hat aber ganz bewusst geregelt, dass vor einem Scheidungsverfahren die Eheleute ein Jahr getrennt voneinander leben müssen. In diesem Jahr sollen sie prüfen, ob ihre Ehe tatsächlich gescheitert ist. Hohe Anforderungen an den Unterhaltsanspruch des bedürftigen Ehegatten würden nicht in dieses Bild passen. Sie würden zu einer Verschärfung der Trennungssituation und der sich anschließenden Scheidung führen. Aus diesem Grund bestehen, sofern die Ehe nicht von kurzer Dauer war (bis zu drei Jahre) und beengte wirtschaftliche Verhältnisse vorhanden sind, im ersten Jahr der Trennung keine strengen Anforderungen an die Erwerbsobliegenheit des bedürftigen Ehegatten.

▸ Was ist, wenn die Trennungszeit über das klassische Jahr hinausgeht?

Leben die Eheleute mehr als ein Jahr voneinander getrennt, kommt es zur Beurteilung der Erwerbsobliegenheit auf die Dauer der Ehe, das Alter des Unterhaltsberechtigten, sowie dessen Gesundheitszustand und natürlich auch auf die wirtschaftliche Situation beider Ehegatten an.

▸ Ändert sich daran etwas, wenn minderjährige Kinder zu betreuen sind?

Eine ganz besondere Rolle spielen bei der Frage, ob und wann eine Erwerbsobliegenheit besteht, gemeinsame minderjährige Kinder und deren Betreuungsbedürftigkeit.

Da jedoch, wie bereits ausgeführt im Trennungsjahr die Erwerbsobliegenheit von untergeordneter Rolle ist, wird die Frage, wann der betreuende Elternteil arbeiten gehen muss, beim nachehelichen Unterhalt besprochen.

Von der Verpflichtung zur Aufnahme einer Erwerbstätigkeit ist die Fortsetzung einer bereits während des Zusammenlebens begonnenen Erwerbstätigkeit zu unterscheiden. Soweit der betreuende Elternteil auch während der intakten Ehe kleine Kinder zu versorgen hatte und trotzdem berufstätig war, so kann bei einer

Fortsetzung dieser Berufstätigkeit eine Verpflichtung daraus entstehen.

▸ Welche Art von Tätigkeit muss ausgeübt werden?

Der betreuende Ehegatte ist nach der Trennung nur verpflichtet eine angemessene Erwerbstätigkeit auszuüben. Soweit die minderjährigen Kinder durch die Trennung besonders betreuungsbedürftig sind, kann eine bisher ausgeführte Tätigkeit zu diesem Zeitpunkt durchaus unangemessen sein, etwa weil durch die Trennung der Eltern eine Betreuungsperson weggefallen ist und/oder die Kinder Probleme haben, die Trennung zu verarbeiten. Hier ist stets auf den Einzelfall abzustellen.

▸ Was ist, wenn neben der Kinderbetreuung eine Erwerbstätigkeit ausgeübt wird, zu der keine Verpflichtung besteht?

Selbstverständlich wird die Mehrbelastung von Berufstätigkeit und Kinderbetreuung bei der Berechnung des Unterhalts honoriert, beispielsweise, dadurch, dass ein Teil des erzielten Einkommens nicht angerechnet wird.

5. Unterhalt nach konkretem Bedarf

▸ Gibt es Besonderheiten bei sehr hohen Einkommens- und Vermögensverhältnissen?

Ja, denn bei sehr gehobenen Einkommensverhältnissen ist davon auszugehen, dass nicht das gesamte Einkommen für die Lebenshaltungskosten verbraucht wird. Vielmehr dient ein Teil des Einkommens dann der Vermögensbildung. Soweit Einkünfte sehr hoch oder schwer feststellbar sind, wird der Unterhalt nicht mehr nach einer Quote sondern nach einer konkreten Bedarfsbemessung ermittelt.

Der Unterhaltsberechtigte ist dann verpflichtet, seinen gesamten Bedarf nach Einzelpositionen darzulegen und nachzuweisen. Dabei sind alle relevanten Ausgaben zu beziffern, die erforderlich sind, um den Lebensstandard nach den ehelichen Lebensverhältnissen aufrecht zu erhalten. Jedenfalls beim Trennungsunterhalt sind die ehelichen Lebensverhältnisse uneingeschränkt von Bedeutung.

▸ Welche Ausgaben sind relevant?

Grundsätzlich alle, die die ehelichen Lebensverhältnisse geprägt haben und nach der Trennung erforderlich sind, um diese aufrecht zu erhalten. Ermittelt wird dies anhand der konkreten Aufwendungen beispielsweise für Lebensmittel, Wohnen, Kleidung, Kosmetik, Auto, Urlaub, Kulturelles, Hobby, Sport, aber auch Versicherungen, im speziellen die Krankenversicherung und die Altersvorsorge. Unter dem Kapitel Checklisten (S. 93 ff.) ist eine detaillierte Zusammenstellung vorhanden, anhand derer der Bedarf vorläufig ermittelt werden kann.

V. Der Unterhaltsanspruch des geschiedenen Ehegatten

Mit Rechtskraft der Scheidung endet der Anspruch auf Trennungsunterhalt und es entsteht der Anspruch auf nachehelichen Unterhalt. Dies sind zwei vollkommen unabhängig voneinander bestehende Ansprüche, die nicht nur unterschiedliche Voraussetzungen haben, sondern auch unterhaltsrelevante Kriterien jeweils anders bewerten. Selbstverständlich darf nicht unterschätzt werden, dass die Feststellungen zum Trennungsunterhalt Wirkung auf den nachehelichen Unterhalt haben. Dies zumindest hinsichtlich der Ermittlung der relevanten Einkommens- und Vermögensverhältnisse.

Gleichwohl sollte bei drohenden Auseinandersetzungen nicht übersehen werden, dass der Trennungsunterhalt nur einen begrenzten Zeitraum abdeckt. Die Frage des nachehelichen Unterhalts betrifft jedoch die Zukunft der geschiedenen Eheleute und ist daher sowohl für den Berechtigten, als auch für den Verpflichteten von elementarer Bedeutung.

1. Die Anspruchsvoraussetzungen

▸ Besteht grundsätzlich ein Anspruch auf nachehelichen Unterhalt?

Nach den deutlichen Veränderungen der Rechtsprechung in den Jahren 2006 und 2007 gilt spätestens seit der Unterhaltsreform vom 1. 1. 2008 ein verschärfter Grundsatz der Eigenverantwortung eines jeden Ehegatten nach der Scheidung.

Danach soll jeder Ehegatte nach der Scheidung für seinen Lebensunterhalt selbst verantwortlich sein.

Die Grundsätze der ehelichen Solidarität in Form von wirtschaftlicher Mitverantwortung des Einkommensstärkeren gegenüber dem Einkommensschwächeren sind in den Hintergrund getreten. Der nacheheliche Unterhaltsanspruch ist in Zukunft nicht mehr der Regelfall, sondern ganz klar die Ausnahme. § 1569 BGB stellt dies wie folgt dar:

§ 1569 BGB Grundsatz der Eigenverantwortung. Nach der Scheidung obliegt es jedem Ehegatten, selbst für seinen Unterhalt zu sorgen. Ist er dazu außerstande, hat er gegen den anderen Ehegatten einen Anspruch auf Unterhalt nur nach den folgenden Vorschriften.

Unter dieser Prämisse sind die Unterhaltstatbestände des nachehelichen Unterhalts zu prüfen.

▸ Für welche Fälle besteht grundsätzlich ein Unterhaltsanspruch?

Anders als beim Kindes- oder Trennungsunterhalt gibt es acht Unterhaltstatbestände für den nachehelichen Unterhalt:
(1) Unterhalt wegen der Betreuung eines gemeinschaftlichen minderjährigen Kindes (§ 1570 BGB)
(2) Unterhalt wegen Alters (§ 1571 BGB)
(3) Unterhalt wegen Krankheit (§ 1572 BGB)
(4) Unterhalt wegen Erwerbslosigkeit (§ 1573 Abs. 1 BGB)
(5) Aufstockungsunterhalt (§ 1573 Abs. 2 BGB)
(6) Unterhalt wegen Wegfall einer nicht nachhaltig gesicherten Tätigkeit (§ 1573 Abs. 4 BGB)
(7) Unterhalt wegen Ausbildung (§ 1575 BGB)
(8) Billigkeitsunterhalt (§ 1576 BGB)

Bei den vorstehenden Unterhaltsgründen ist es durchaus möglich, dass mehrere Gründe nebeneinander bestehen, was unproblematisch ist.

2. Betreuungsunterhalt

▸ Wann besteht ein Anspruch auf Betreuungsunterhalt?

Der so genannte Betreuungsunterhalt gemäß § 1570 BGB ist die wichtigste und bedeutsamste Regelung des nachehelichen Unterhalts. Er wird dann gezahlt, wenn ein Ehepartner wegen der Betreuung gemeinsamer minderjähriger Kinder nicht in der Lage ist, für seinen eigenen Unterhalt zu sorgen.

Diese Regelung hat unmittelbaren Einfluss auf das Wohl der Kinder. Deren schützwürdige Interessen stehen für den Gesetzgeber an erster Stelle. Der Wegfall des Betreuungsunterhalts würde schlichtweg dazu führen, dass nach einer Scheidung auch der Elternteil, in dessen Haushalt das Kind lebt, einer Vollzeiterwerbstätigkeit nachgehen muss. Der damit verbundene zeitliche Aufwand würde zwangsläufig zu Defiziten in der Betreuung und Versorgung des minderjährigen Kindes führen. Wie im weiteren dargestellt wird, ist selbstverständlich nach dem Alter des Kindes und seiner Betreuungsbedürftigkeit, sowie nach den Möglichkeiten einer Fremdbetreuung zu differenzieren.

▸ Was ist, wenn in einem Ehevertrag auf nachehelichen Unterhalt generell verzichtet wurde, also damit auch der Betreuungsunterhalt ausgeschlossen ist?

Aus den vorstehenden Gründen ist ein Verzicht auf nachehelichen Unterhalt, soweit es um Betreuungsunterhalt geht, nur in Ausnahmefällen wirksam. Eheverträge und Scheidungsfolgenvereinbarungen unterliegen insoweit einer strengen Inhaltskontrolle. Der Verzicht auf Betreuungsunterhalt ist ein Eingriff in den Kernbereich des Scheidungsfolgenrechts und kann zur Unwirksamkeit der Vereinbarung führen. Wurde ein solcher Vertrag geschlossen, sollte kurzfristig ein Spezialist für Familienrecht konsultiert werden.

▸ Bis zu welchem Alter des Kindes wird Betreuungsunterhalt gezahlt?

Nach der bis zum 31. 12. 2007 geltenden Rechtslage hatte die Rechtsprechung ein nahezu einheitliches Altersphasenmodell entwickelt. Danach war der betreuende Elternteil vor Vollendung des achten Lebensjahres des jüngsten Kindes nicht verpflichtet, einer Erwerbstätigkeit nachzugehen. Ab der dritten Grundschulklasse begann die Obliegenheit zur Halbtagstätigkeit. Soweit das jüngste Kind das fünfzehnte Lebensjahr vollendet hatte, bestand die Verpflichtung ganztags arbeiten zu gehen.

Betreuungsunterhalt wurde also weitestgehend uneingeschränkt für die ersten acht Jahre nach der Geburt des Kindes gezahlt.

Seit dem 1. 1. 2008 ist dieses Altersphasenmodell Vergangenheit. Vielmehr ist auf den Einzelfall und damit auch auf die Möglichkeit der Kinderbetreuung abzustellen. Keine Erwerbsobliegenheit besteht nur noch bis zur Vollendung des dritten Lebensjahres des Kindes. Der Unterhaltsanspruch kann über diesen Zeitraum hinaus verlängert werden, soweit dies aus Gründen des Kindeswohls erforderlich ist. Die hierfür einschlägige Vorschrift ist § 1570 BGB:

§ 1570 BGB Unterhalt wegen Betreuung eines Kindes. (1) Ein geschiedener Ehegatte kann von dem anderen wegen der Pflege oder Erziehung eines gemeinschaftlichen Kindes für mindestens drei Jahre nach der Geburt Unterhalt verlangen. Die Dauer des Unterhaltsanspruchs verlängert sich, solange und soweit dies der Billigkeit entspricht. Dabei sind die Belange des Kindes und die bestehenden Möglichkeiten der Kinderbetreuung zu berücksichtigen.

Der betreuende Elternteil muss sich also zunächst darauf einstellen, dass die Obliegenheit zur Aufnahme einer Teilzeittätigkeit beginnt, sobald das minderjährige Kind das dritte Lebensjahr vollendet hat. Abzustellen ist jedoch nicht nur auf das Alter des Kindes, sondern auch die Möglichkeiten der Kindesbetreuung. Damit hat der Gesetzgeber die Unterhaltsansprüche des verheirateten Elternteils bei Kindesbetreuung denen des nichtehelichen Elternteils gleichgestellt.

▸ Welche Formen der Kindesbetreuung kommen in Betracht?

Dies sind alle klassischen Betreuungsmöglichkeiten, wie Kindergärten, Horte, Ganztagsschulen und Tagespflegen, aber auch Kindermädchen oder Au-pairs.

Das bedeutet, dass wenn das Kind ab Vollendung des dritten Lebensjahres ganztags betreut ist oder betreut werden kann, unter Umständen auch die Obliegenheit zu einer Vollzeiterwerbstätigkeit besteht. Für diesen Fall kommt ein Unterhaltsanspruch nach § 1570 BGB nicht zum tragen.

Ferner ist zu differenzieren, ob lediglich ein Kind oder mehrere Kinder zu betreuen sind.

Sofern also der betreuende Elternteil über das dritte Lebensjahr des Kindes hinaus Unterhalt begehrt, ist er für die Voraussetzungen des weitergehenden Unterhaltsanspruchs darlegungs- und beweispflichtig, beispielsweise für die fehlende Betreuungsmöglichkeit.

▶ Gibt es grundsätzliche Vorgaben zur Erwerbsobliegenheit bei Kindesbetreuung?

Generell wird man von nachstehender Erwerbsobliegenheit des betreuenden Elternteils in Zukunft ausgehen müssen:
(1) Bis zur Vollendung des dritten Lebensjahrs des Kindes: keine Erwerbsobliegenheit
(2) Drittes Lebensjahr bis Einschulung: Geringverdienertätigkeit (Minijob bis Teilzeittätigkeit)
(3) Einschulung bis Abschluss der Grundschule: Halbtagstätigkeit mit Ausweitung
(4) Ab Verlassen der Grundschule: Ganztagstätigkeit

Ergänzend ist darauf hinzuweisen, dass der betreuende Elternteil nicht auf die Betreuungsmöglichkeit durch Großeltern oder sonstige Verwandte verwiesen werden kann. Hierbei handelt es sich um freiwillige Zuwendungen Dritter, die stets nicht in der Absicht erfolgen, den Unterhaltsverpflichteten zu entlasten.

▶ Was gilt, wenn das Kind krank ist oder beispielsweise schwer erziehbar und/oder lernbehindert?

Von den vorstehenden Grundsätzen kann abgewichen werden, sofern es sich nicht um ein „normal entwickeltes" Kind handelt und ein erhöhter Betreuungsbedarf nachgewiesen werden kann. Allerdings ist insoweit Vorsicht geboten. Nicht jedes Kind sollte in Zukunft zum Problemkind gemacht werden. Es bleibt aber auch hier bei einer genauen Betrachtung des Einzelfalles.

3. Unterhalt wegen Alters

▶ Wann besteht ein Anspruch auf Unterhalt wegen Alters?

Nachehelicher Unterhalt wird dann gewährt, wenn wegen des Alters eine Erwerbstätigkeit und damit das Sorgen für den eigenen

Unterhaltsbedarf nicht mehr erwartet werden kann. Dies wird regelmäßig dann der Fall sein, wenn der Unterhaltsberechtigte das Rentenalter erreicht, derzeit mit 65 Jahren. Dies gilt entsprechend auch für Selbständige.

Inwieweit die Obliegenheit besteht, eine Erwerbstätigkeit erst im höheren Alter aufzunehmen, weil da beispielsweise die Scheidung der Eheleute erfolgt, ist von dem Einzelfall abhängig. Neben der Arbeitsmarktlage ist die individuelle Qualifikation sowie die Berufstätigkeit in den zurückliegenden Ehejahren sowie die Zeiten der Kinderbetreuung maßgebend. Bei einer realistischen Betrachtung der Situation wird man davon ausgehen dürfen, dass ein Arbeitgeber wohl eher dazu tendieren wird, einen jungen qualifizierten Mitarbeiter einzustellen, als einen Bewerber, der seit mehreren Jahren aus dem Beruf ist und kurz vor der Altersrente steht. Gleichwohl entlastet dies den Unterhaltsberechtigten nicht von der Pflicht, seine diesbezügliche Situation darzulegen und sich um eine Erwerbstätigkeit zu bemühen.

4. Unterhalt wegen Krankheit

▸ Was sind die Voraussetzungen für den Unterhaltsanspruch wegen einer Erkrankung?

In der Praxis führt dieser Unterhaltstatbestand zu erheblichen Problemen: Sei es, um eine tatsächliche Erkrankung stichhaltig nachzuweisen oder aber um eine vorgeschobene Erkrankung zu entkräften. Sofern es sich nicht um eine Erkrankung handelt, die nachweisbar bereits während des ehelichen Zusammenlebens entstanden ist, wird meist unterstellt, dass die Krankheit aus unterhaltsrechtlichen Gründen vorgeschoben wird. Besonders schwer nachprüfbar sind insoweit psychische Erkrankungen.

Dabei stellt sich primär die Frage, ob die Erkrankung zu einer vollständigen oder nur teilweisen Erwerbsunfähigkeit führt. Darüber hinaus ist zu klären, ob die Erkrankung gegebenenfalls nur für die bisher ausgeübte Tätigkeit ein Problem darstellt, aber für andere Tätigkeiten durchaus eine Erwerbsfähigkeit anzunehmen ist.

▶ Reicht eine ärztliche Bescheinigung aus?

Nein, die Praxis bedient sich hier gewöhnlich eines Sachverständigengutachtens, das Mittelpunkt der Diskussion wird. Der Unterhaltsberechtigte muss sich darauf einstellen, dass sein Gesundheitszustand sehr genau begutachtet wird. Regelmäßig ist auch zu prüfen, welche Tätigkeit trotz der Erkrankung zumutbar ist, sofern eine Erwerbsunfähigkeit für den erlernten und ausgeübten Beruf besteht.

Steht eine teilweise oder volle Erwerbsunfähigkeit fest, ist der Unterhaltsberechtigte verpflichtet, entweder durch geeignete Maßnahmen eine Heilung zu fördern oder aber Rente zu beantragen, um so den Unterhaltsverpflichteten zu entlasten.

5. Unterhalt bis zur Erlangung einer angemessenen Erwerbstätigkeit

▶ Wann besteht ein Anspruch auf Unterhalt bis zur Erlangung einer angemessenen Erwerbstätigkeit?

Auch bei diesem Unterhaltsanspruch ist der Grundsatz der Eigenverantwortung verstärkt zu beachten. Damit wird zumindest jede Tätigkeit, die vor der Ehe ausgeübt wurde, als angemessen erachtet werden. Damit kommt der ursprüngliche Zweck dieser Regelung nur noch in Ausnahmefällen zum tragen. Der Unterhalt gemäß § 1573 Abs. 1 BGB sollte den Unterhaltsbedürftigen vor dem sozialen Abstieg bewahren, wenn er während der Ehezeit nicht tätig war. Er sollte nur verpflichtet sein, nach der Scheidung eine angemessene Arbeit auszuüben. Angemessen im Hinblick auf den ehelichen Standard. Das neue Unterhaltsrecht stellt klar, dass die Erwerbstätigkeit in dem erlernten und früher auch ausgeübten Beruf immer angemessen ist, auch wenn es sich um eine wenig qualifizierte Arbeit handelt. Von diesem Grundsatz wird man nur in Ausnahmefällen abweichen können.

Insoweit liegt eine gravierende Änderung zu der Gesetzlage bis zum 31. 12. 2007 vor: Danach war es beispielsweise der geschiedenen Ehefrau eines Arztes, Professors oder Unternehmers nach langer Ehezeit – zum Beispiel zwanzig Jahre – nicht zuzumuten, in ihren erlernten Beruf – beispielsweise als Krankenschwester, Sekretärin oder Verkäuferin zurückzukehren –, wenn sie während der Ehezeit nicht berufstätig war.

6. Aufstockungsunterhalt

▸ **Gibt es nach der Gesetzesänderung noch einen Anspruch auf Aufstockungsunterhalt?**

Die Abkehr des Gesetzgebers von einer durch die Ehe erworbenen Lebensstandardgarantie wird auch bei diesem Unterhaltstatbestand deutlich sichtbar. Die Regelung des Aufstockungsunterhalts widerspricht dem Grundsatz der Eigenverantwortung. Der Aufstockungsunterhalt soll die Differenz zwischen dem Einkommen des Unterhaltsverpflichteten und dem Einkommen des Unterhaltsberechtigten abdecken. In Zukunft wird dies nur noch in Ausnahmefällen zum tragen kommen. Der Aufstockungsunterhalt muss heute als eine Art Auslaufmodelle betrachtet werden, zumindest wenn man ihn als eine dauerhafte Aufbesserung der eigenen Kasse verstehen möchte. Der Unterhaltsberechtigte muss sich darauf einstellen, dass eine Zahlung nur noch für einen gewissen Übergangszeitraum geleistet und demgemäß zeitlich begrenzt wird.

Um diesen wichtigen Punkt noch einmal mit deutlichen Worten zu sagen: Es gibt keinen Anspruch mehr auf angeheirateten Luxus. Wer als Sekretär oder Sekretärin mit bescheidenen Einkünften den Chef oder die Chefin geheiratet hat, muss nach einer Scheidung grundsätzlich wieder mit den ehemals bescheidenen Einkünften auskommen. Ausgeglichen werden allenfalls sogenannte ehebedingte Nachteile. Diese können beispielsweise dadurch entstehen, dass der Sekretär oder die Sekretärin sich während der Ehe ausschließlich der Familie gewidmet und auf eine berufliche Entwicklung verzichtet hat. Man wird sich also fragen müssen, wo der Berechtigte heute ohne die Ehe stehen würde. Welches Einkommen könnte dann erzielt werden? Unterhaltszahlungen des Pflichtigen müssen für diesen Fall als Aufstockung die Differenz zwischen dem tatsächlich erzielten Einkommen und dem ohne Ehe erzielbaren Einkommen abdecken. Es gibt aber keine Garantie mehr für den einmal erworbenen Standard.

Wie immer gibt es zu dieser Regel Ausnahmen, beispielsweise bei einer sehr langen Ehedauer. Dem Unterhaltsberechtigten wird auch nach der neuen Gesetzgebung die Möglichkeit gelassen, im Einzelfall nachzuweisen, dass eine Rückkehr in das „alte Leben" aufgrund der ehelichen Lebensverhältnisse und das Vertrauen in ein gemeinsames Leben unzumutbar ist.

7. Unterhalt wegen Wegfall einer nicht nachhaltig gesicherten Tätigkeit

▸ Was ist, wenn im Zeitpunkt der Scheidung Einkommen aus einer Erwerbstätigkeit erzielt wurde und dieses später wegfällt?

Es besteht die Möglichkeit Unterhalt nach § 1573 Abs. 4 BGB geltend zu machen.

Dieser Unterhaltsanspruch greift, wenn der Unterhaltsberechtigte im Zeitpunkt der Scheidung seinen Unterhaltsbedarf mit eigener Erwerbstätigkeit abdecken konnte, diese Erwerbstätigkeit aber später verliert. Eine Unterhaltsverpflichtung besteht in diesem Fall nur dann, wenn die Erwerbstätigkeit bereits im Zeitpunkt der Scheidung nicht nachhaltig gesichert war. Dies kommt beispielsweise in Betracht, wenn es sich um ein Probearbeitsverhältnis oder eine von Beginn an nur vorübergehende Tätigkeit gehandelt hat.

8. Ausbildungsunterhalt

▸ Besteht ein Unterhaltsanspruch nach der Scheidung, wenn der Berechtigte keine abgeschlossene Berufsausbildung hat?

Grundsätzlich gibt es einen Anspruch auf Ausbildungsunterhalt. Es kommt aber darauf an, ob der Grund der fehlenden Ausbildung mit der Eheschließung in Zusammenhang steht. Der Ausbildungsunterhalt wird – wie der Name schon sagt – für die Dauer einer Ausbildung geschuldet. Hierbei handelt es sich jedoch nicht um einen allgemeinen ergänzenden Anspruch auf Ausbildung, sondern nur auf den Ausgleich ehebedingter Nachteile. Dies kommt zum Tragen, wenn der Unterhaltsberechtigte in engem Zusammenhang mit der Eheschließung eine Schul- oder Berufsausbildung abgebrochen und damit nicht absolviert hat. Dies kann beispielsweise dann der Fall sein, wenn ein gemeinsames Kind geboren wurde, oder aus Gründen des Unterhaltsverpflichteten ein Ortswechsel anstand.

Wurde die Ausbildung dagegen nur nicht abgeschlossen, weil der Berechtigte kein Interesse daran hatte und sich durch den Ehepartner versorgt sah, besteht kein Anspruch auf Ausbildungsunterhalt.

▸ Muss die begonnene Ausbildung fortgesetzt werden?

Nein, der Unterhaltsberechtigte hat die Wahl, ob er für den Fall der Berechtigung eine neue Ausbildung beginnt oder die abgebrochene Ausbildung fortsetzen möchte.

§ 1575 BGB trifft nur diesen einen Fall und nicht etwa einen allgemeinen Anspruch auf Ausbildung nach Abschluss des Scheidungsverfahrens.

9. Billigkeitsunterhalt

▸ Was bedeutet Unterhalt aus Billigkeitsgründen?

§ 1576 BGB ist eine Art Auffangklausel, die dann zum Tragen kommt, wenn die vorgenannten Unterhaltstatbestände nicht eingreifen. Diese Ausnahmeregelung soll eine absolute Ausnahme bleiben, sie betrifft nur wenige Härtefälle. Danach muss der wirtschaftlich Stärkere Unterhalt leisten, obwohl ein klassischer Unterhaltstatbestand nicht vorliegt, die Verweigerung von Unterhalt aber grob unbillig wäre. Als Beispiel kann hier die Betreuung eines Pflegekindes angeführt werden. Dies fällt nicht unter § 1570 BGB, der nur für gemeinsame minderjährige Kinder anwendbar ist. Gleichwohl haben sich die Eheleute während der intakten Ehe für die Aufnahme eines Pflegekindes gemeinsam entschieden. Sofern ein Ehepartner nach der Scheidung wegen der Betreuung des Pflegekindes nicht in der Lage ist, eigenes Einkommen durch eine Erwerbstätigkeit zu erzielen, greift dieser Auffangtatbestand.

10. Bedürftigkeit

▸ Welche weiteren Voraussetzungen müssen vorliegen, damit Unterhalt nach den vorstehenden Tatbeständen gezahlt wird?

Neben dem Vorliegen eines Unterhaltstatbestandes ist zunächst zu prüfen, ob der Unterhaltsberechtigte bedürftig ist. Gemäß § 1577 Abs. 1 BGB besteht Unterhaltsbedürftigkeit dann, wenn der geschiedene Ehegatte sich aus seinen eigenen Einkünften und seinem Vermögen nicht selbst unterhalten kann. Maßstab hierfür sind zunächst auch die ehelichen Lebensverhältnisse und der sich daraus ergebende volle Unterhalt.

Die Frage des Eigeneinkommens des Unterhaltsberechtigten orientiert sich weitestgehend an den Kriterien, die für die Beurteilung der Leistungsfähigkeit des Unterhaltsverpflichteten herangezogen werden. Dies wird in dem folgenden Kapitel ausführlich behandelt.

Nicht zuletzt durch die Reform des Unterhaltsrechts wird bei jedem Unterhaltstatbestand zu prüfen sein, ob der Unterhaltsberechtigte seiner Erwerbsobliegenheit in angemessenem Umfang nachkommt. Tut er dies nicht, ist ein sogenanntes fiktives Einkommen anzurechnen.

▸ Was ist ein fiktives Einkommen in diesem Zusammenhang?

Es wird geprüft, welches Einkommen der Unterhaltsberechtigte erzielen könnte, wenn er seiner Obliegenheit zur Ausübung einer Erwerbstätigkeit nachkommen würde. Je nach Art der Ausbildung und der vorhandenen Berufserfahrung lässt sich das Einkommensniveau in nahezu allen Berufen feststellen. Oftmals liegen dem Anwalt oder dem Gericht aus anderen Verfahren vergleichbare Zahlen vor oder zumindest das tariflich vorgeschriebene Gehalt lässt sich durch Einsicht in den entsprechenden Tarifvertrag feststellen. Dieses fiktive Einkommen wird dann im Rahmen der Unterhaltsberechnung auf Seiten des Berechtigten als vorhanden angesetzt und kürzt natürlich entsprechend den Unterhalt.

VI. Das unterhaltsrelevante Einkommen

Grundlage einer jeden Unterhaltsberechnung ist das unterhaltsrelevante Einkommen beider Parteien:

1. Einzusetzendes Einkommen

▸ Was gilt für den Kindesunterhalt?

Für die Ermittlung des unterhaltsrelevanten Einkommens zur Bestimmung des Kindesunterhalts sind stets alle Einnahmen sowie alle Ausgaben des Unterhaltspflichtigen oder beider Elternteile (bei volljährigen Kindern) von Relevanz. Es folgt keine Unterscheidung, ob beispielsweise die eine oder andere Ausgabe eheprägend war oder nicht.

▸ Wie ist dies bei dem Ehegattenunterhalt?

Bei der Berechnung des Ehegattenunterhalts wird lediglich das „eheprägende" Einkommen berücksichtigt. Gleiches gilt für die Ausgabepositionen.

▸ Was bedeutet „prägend"?

Prägend sind all jene Einkünfte und Ausgaben die die ehelichen Lebensverhältnisse bestimmt haben und die auch bei Fortsetzung der Ehe zu erwarten gewesen wären.

Es sind also zunächst die Einnahmen von Bedeutung, die während des Zusammenlebens der Parteien erzielt wurden. Gleiches gilt für die Belastungen und Ausgaben. Von Bedeutung können aber Veränderungen auf der Einnahmen- und der Ausgabenseite sein, soweit diese vor der Trennung geplant oder vorhersehbar waren, wie beispielsweise eine Beförderung oder Gehaltserhöhung oder die Rückführung eines Darlehens, das zuvor gestundet war.

Eine Veränderung nach der Trennung der Parteien ist also unterhaltsrechtlich dann relevant, wenn sie dem normalen Verlauf entspricht und zu erwarten war.

▸ Was ist fiktives Einkommen?

Sofern ein Unterhaltsberechtigter seiner Erwerbsobliegenheit nicht nachkommt oder ein Unterhaltsverpflichteter ohne Grund seinen Arbeitsplatz aufgibt, werden sogenannte fiktive Einkünfte in Ansatz gebracht. Das bedeutet, die Unterhaltsansprüche werden unter Berücksichtigung des Einkommens berechnet, das bei Erfüllung der unterhaltsrechtlichen Obliegenheiten erzielt werden könnte.

In diesem Zusammenhang ist unbedingt eine anwaltliche Beratung erforderlich, bevor leichtfertig Schritte, wie etwa die Aufgabe des gesicherten Arbeitsplatzes, eingeleitet werden. Auf den Gedanken, lieber nicht zu arbeiten, bevor das gesamte Einkommen an den oder die „Ex" geht, sind schon viele gekommen. Durch die Einkommensfiktion kann der Job weg sein und trotzdem die monatliche Unterhaltsverpflichtung unvermindert weiterbestehen. In diesem Zusammenhang ist generell darauf hinzuweisen, dass auch in Familiensachen ein strategisches und taktisches Vorgehen von Vorteil ist. Ein von Wut und Rache getragenes Handeln führt nicht selten in das wirtschaftliche „Aus".

▸ Was ist Einkommen aus unzumutbarer Tätigkeit bzw. was sind überobligatorisch erzielte Einkünfte?

Das sind Einkünfte die aus einer Erwerbstätigkeit erzielt werden, obgleich keine Verpflichtung zur Aufnahme einer solchen besteht, beispielsweise, weil das betreute Kind noch keine drei Jahre alt ist.

In diesem Zusammenhang ist zu unterscheiden, ob es sich um eine Tätigkeit handelt, die vor der Trennung aufgenommen und danach fortgeführt wird oder ob die Erwerbstätigkeit erst seit der Trennung ausgeübt wird. Abgestellt wird auf den Einzelfall und die Frage, ob in der individuellen Situation des Unterhaltsberechtigten eine Erwerbstätigkeit zumutbar ist oder nicht. In diesem Zusammenhang spricht man dann auch von Einkünften aus einer unzumutbaren Tätigkeit, die aus einer Arbeit erzielt werden, zu dessen Ausübung keine Obliegenheit besteht, sie also überobligatorisch ist. Gelangt man zu dem Ergebnis, dass die Einkünfte des Unterhaltsberechtigten aus einer unzumutbaren Tätigkeit erzielt werden oder überobligatorische sind, hat dies zur Folge, dass die Einkünfte nicht in voller Höhe als bedarfsdeckend berücksichtigt werden, sondern ein Teil anrechnungsfrei bleibt. Damit kommt dem Unterhaltsberechtigten ein Teil seines Engagements allein zu Gute.

▸ Welches Einkommen zählt für die Unterhaltsberechnung?

Zunächst sind das alle Einkunftsarten, die auch steuerlich nach dem Einkommenssteuergesetz relevant sind. Die in der Praxis bedeutsamsten sind die Einkünfte aus

- nichtselbständiger Tätigkeit,
- selbständiger Tätigkeit,
- Kapitalvermögen sowie
- Vermietung und Verpachtung.

▸ Wie sind diese Einkunftsarten zu konkretisieren?

(1) Einkünfte aus nichtselbständiger Tätigkeit sind jene Einkünfte, die durch die Erwerbstätigkeit in abhängiger Beschäftigung von einem Arbeitgeber, sei es als Angestellter oder Arbeiter, erzielt werden. Hierzu zählen auch Beamte oder Angestellte im öffentlichen Dienst. In der Regel gibt es monatlich eine Gehaltsabrechnung, aus der die Einkünfte zu ersehen sind.

(2) Einkünfte aus selbständiger Tätigkeit erzielen beispielsweise Unternehmer, die eine eigene Firma oder einen eigenen Betrieb haben. Hierzu gehören aber auch die sogenannten Freiberufler, wie Ärzte, Architekten oder Rechtsanwälte. Einnahmen aus selbstständiger Tätigkeit erzielen auch freie Mitarbeiter, die keine Festanstellung haben. Einkünfte aus selbständiger Tätigkeit werden als Gewinn bezeichnet und mittels einer Bilanz oder einer Einnahme – Überschussrechnung dokumentiert. Ferner wird monatlich eine BWA, das heißt eine betriebswirtschaftliche Auswertung erstellt, anhand derer alle

Umsätze, also Einnahmen und Kosten ersehen werden können.

(3) Einkünfte aus Kapitalvermögen sind im wesentlichen Zinseinkünfte und Dividenden. In der Regel wird am Ende des Jahres eine entsprechende Bescheinigung durch die Bank ausgestellt.

(4) Einkünfte aus Vermietung und Verpachtung werden erzielt, sofern eine Wohnung oder ein Haus im Eigentum der Eheleute steht, aber nicht von diesen genutzt, sondern fremdvermietet ist. Finanzierungskosten und Reparaturen sind gegen zu rechnen. Auch hier liegt eine jährliche Gewinnermittlung vor, die Mieteinnahmen und sogenannte Werbungskosten gegenüberstellt.

2. Einkommen aus nichtselbständiger Tätigkeit

▸ Wie werden die Einkünfte aus nichtselbständiger Tätigkeit ermittelt?

Das Einkommen aus nichtselbständiger Tätigkeit lässt sich relativ unproblematisch feststellen: Zu berücksichtigen ist das monatliche Einkommen, ebenso aber auch das Urlaubs- und Weihnachtsgeld, der Ortszuschlag, die Zulagen, die Provisionen, die Prämien, die Überstundenvergütungen oder die sonstigen Sachbezüge, wie beispielsweise für Verpflegung und Fahrtkosten.

Maßgebend sind immer die letzten zwölf Monate, gerechnet ab dem Zeitpunkt der Unterhaltsberechnung. Nur so stellt sich ein repräsentatives durchschnittliches Monatseinkommen dar, das alle Sonderzahlungen, die im Laufe eines Jahres geleistet werden, berücksichtigt. Im Grunde wird alles, was im Laufe eines Jahres durch den Arbeitgeber gezahlt wurde zusammengerechnet und anschließend durch zwölf geteilt. Es besteht beiderseits die Verpflichtung, die letzten zwölf Gehaltsabrechnungen in Kopie vorzulegen.

▸ Wie werden jährliche Einmalzahlungen behandelt?

Auch Einmalzahlungen, wie beispielsweise Gratifikationen oder Zahlungen anlässlich eines Firmenjubiläums sind auf einen angemessenen Zeitraum, in der Regel auf zwölf Monate zu verteilen.

▸ Was ist, wenn das Arbeitsverhältnis gekündigt und eine Abfindung gezahlt wurde?

Eine Sonderbehandlung erfahren Abfindungen, die für den Verlust des Arbeitsplatzes gezahlt werden. Hier ist zu unterscheiden, ob der Abfindungsempfänger direkt einen neuen Arbeitsplatz und damit auch Einkommen in unverminderter Höhe erzielt. Oder aber nur noch Arbeitslosengeld erhält. Sofern Arbeitslosengeld gezahlt wird, dient der Abfindungsbetrag der Auffüllung des monatlichen Einkommens bis zu dem Gehalt, das vor dem Verlust des Arbeitsplatzes gezahlt wurde. Wird lückenlos eine neue Erwerbstätigkeit ausgeübt, fällt der Abfindungsbetrag nicht in das unterhaltsrelevante Einkommen, sondern in die Vermögensauseinandersetzung, respektive den Zugewinnausgleich.

▸ Werden die durch den Arbeitgeber gezahlten Spesen und Fahrtkosten auch berücksichtigt?

Ja, zu den Einkünften gehören grundsätzlich auch Reisekosten und so genannte Spesen. Während das Kilometergeld in der Regel nur kostendeckend ist, ist bei Übernachtungskosten und Tagesspesen der über die privaten Lebenshaltungskosten ersparte Aufwand zu berücksichtigen. Nach den meisten unterhaltsrechtlichen Leitlinien wird ein Drittel dieser Zahlungen des Arbeitgebers zu dem unterhaltsrelevanten Einkommen hinzugerechnet.

3. Einkommen aus selbständiger Tätigkeit

▸ Wie wird das unterhaltsrelevante Einkommen bei Selbständigen errechnet?

Die Feststellung des unterhaltsrelevanten Einkommens bei Selbständigen und Gewerbetreibenden gestaltet sich um einiges schwieriger.

Bei der Wahl Ihrer anwaltlichen Vertretung sollten Sie unbedingt auf eine entsprechende Expertise auf diesem Gebiet achten. Dies gilt dann, wenn Sie als Selbständiger tätig sind oder aber auch, wenn Sie es auf der Gegenseite mit einem Selbständigen zu tun haben.

Anders als bei Angestellten oder Beamten gibt es keine monatliche Gehaltsabrechnung, die das tatsächlich gezahlte Gehalt dokumentiert. Vielmehr wird über Einnahme-Überschuss-Rechnungen oder Bilanzen ein Jahresgewinn ermittelt. Da jedes Unternehmen unterschiedlich gute und schlechte Jahre hat, wird in der Regel der Durchschnitt der letzten drei Jahre, im Einzelfall auch der letzten fünf Jahre zugrunde gelegt.

▸ Wird der Gewinn aus den Gewinnermittlungen grundsätzlich übernommen?

Es ist kein Geheimnis, dass der Gewinn eines Unternehmens durchaus mit steuerlich legitimen Mitteln „gestaltbar" ist. Dies bedeutet gerade nicht, dass der unter der Gewinnermittlung ausgewiesene Gewinn eins zu eins unterhaltsrechtlich übernommen und zugrunde gelegt werden kann. Vielmehr ist es erforderlich, Bilanzen und Einnahme-Überschuss-Rechnungen „zu lesen", d.h. nach unterhaltsrechtlichen Gesichtspunkten zu überprüfen. Nicht alle steuerrechtlich zulässigen Abzugspositionen sind unterhaltsrechtlich zu akzeptieren.

▸ Auf welche Positionen ist besonders zu achten?

Es darf nicht unterschätzt werden, dass allzu oft auch private Ausgaben zu betrieblichen Aufwendungen werden und so bereits bei der Ermittlung des Gewinns berücksichtigt wurden. Dies gilt beispielsweise für Kfz-Kosten, Reise- und Bewirtungskosten, sowie Telefon- und Portokosten. Ferner ist die Lohnliste des Unternehmens zu überprüfen. Nicht selten finden sich hier Gehaltsaufwendungen für Personen, die in dem Unternehmen nicht tätig sind, aber dem Unternehmer nahe stehen.

▸ Was sind Ansparabschreibungen und wie werden sie in der Bilanz behandelt?

Die Bildung von Rückstellungen und Ansparabschreibungen sind ein beliebtes Mittel, um den Gewinn des Unternehmers zu reduzieren.

Ansparabschreibungen werden für geplante Investitionen getätigt.

Beabsichtigt der Unternehmer beispielsweise im Jahr 2008 die Möblierung des Chefzimmers komplett zu erneuern und hierfür 10.000 € zu investieren, so kann er im Jahr 2006 eine Ansparabschreibung in Höhe von 40% der geplanten Investitionssumme bilden. Er kann also seinen Gewinn im Jahr 2006 um 4000 € reduzieren.

Die Ansparabschreibung muss spätestens nach zwei Jahren wieder aufgelöst werden. Sofern der Unternehmer die Investition nicht getätigt hat, erhöht die Auflösung der Ansparabschreibung im Jahr 2008 seinen Gewinn um 4000 €. Wenn er die Investition getätigt hat, wird dies entsprechend gegengerechnet.

Es liegt auf der Hand, dass dies ein beliebtes Gestaltungsmittel ist und dass – je nach Unternehmen – ganz andere Beträge hier in die Ansparabschreibung eingestellt werden können. Für die Unterhaltsberechnung ist es daher von Relevanz, ob die Bildung der Ansparabschreibung und dessen Auflösung in dem gewählten Dreijahreszeitraum liegen und damit neutral sind oder aber im Hinblick auf die Trennung beispielsweise in dem letzten relevanten Jahr der Gewinn durch die Ansparabschreibung erheblich reduziert wurde. Sollte letzteres der Fall sein, ist diese dem Gewinn hinzuzurechnen und mittels einer fiktiven Steuerberechnung auch dem Einkommen.

▸ Was sind Rückstellungen?

Neben den Ansparabschreibungen gibt es auch die Möglichkeit, so genannte Rückstellungen zu bilden. Sie beziehen sich nicht auf die Investition in der Zukunft, sondern betreffen Ausgaben und Kosten, die für das laufende Kalenderjahr entstehen, aber im Zeitpunkt der Erstellung der Gewinnermittlung noch nicht angefallen waren.

▸ Welche Kosten und Ausgaben können das sein?

Dies können beispielsweise angekündigte Schadensersatzforderungen durch Kunden des Unternehmers sein oder auch Steuerberaterkosten für die Erstellung der Gewinnermittlungen, die regelmäßig erst nach dem Abschluss des Geschäftsjahres liquidiert werden. Der Unternehmer kann beispielsweise auch Rückstellung für nicht genommenen Urlaub seiner angestellten Mitarbeiter bilden.

Rückstellungen sind unterhaltsrechtlich zu überprüfen und gegebenenfalls gewinnerhöhend anzusetzen.

4. Einkommen aus Kapitalvermögen

▸ Wie werden Einkünfte aus Kapitalvermögen behandelt?

Zu dem unterhaltsrechtlich relevanten Einkommen zählen auch Einkünfte aus Kapitalvermögen. Dabei ist es ohne Belang, wenn Kapital nicht ertragreich angelegt wurde. Erzielbare Zinseinkünfte werden dann fiktiv dem Einkommen hinzugerechnet. In der Regel wird von einer Verzinsung des vorhandenen Kapitals in Höhe von 4% ausgegangen. Sind Zinseinkünfte über dem Steuerfreibetrag vorhanden, ist die Zinsabschlagsteuer von derzeit 30% zu berücksichtigen.

5. Einkommen aus Vermietung und Verpachtung

▸ Werden Negativeinkünfte aus Vermietung und Verpachtung berücksichtigt?

Einkommen sind grundsätzlich auch die Einnahmen aus Vermietung und Verpachtung. In der Regel werden diese jedoch in Form von Negativeinkünften erzielt, um Steuern zu sparen. Eigentumswohnungen oder sonstige Immobilien sind nicht selten Kapitalanlagen, deren Werbungskosten (Finanzierung, Nebenkosten und Abschreibung) höher sind als die Mieteinnahmen und damit die gewünschten Steuervorteile schaffen und der Vermögensbildung dienen. Die Negativeinkünfte sind unterhalsrechtlich nur dann zu berücksichtigen, wenn die Wohnung/Immobilie im gemeinsamen Eigentum beider Eheleute steht. Werden die Einnahmen aus Vermietung und Verpachtung nur von einem Ehepartner erzielt, weil er Alleineigentümer ist, werden Negativeinkünfte mit Null bewertet und nicht als Minus in Abzug gebracht.

6. Sonstiges Einkommen

▸ Gibt es weitere Einkünfte, die bei der Unterhaltsberechnung zu berücksichtigen sind?

Ja, ferner sind sozialstaatliche Zuwendungen – wie Arbeitslosengeld I und Krankengeld – unterhaltsrechtlich Einkommen. Sie werden als Lohnersatzleistung angesehen und daher wie sonstige Einkünfte behandelt.

Kein Einkommen sind Arbeitslosengeld II, Wohngeld oder sonstige Leistungen für Körper- und Gesundheitsschäden.

7. Wohnwert

▸ Wie wird das Vermögen berücksichtigt, beispielsweise ein eigenes Haus?

Ebenso wie die erzielbaren Einkünfte aus Kapitalvermögen, also Einnahmen aus dem Bargeld, das auf Konten oder in Depots angelegt ist, wird das sonstige Vermögen der Eheleute unterhaltsrechtlich bewertet und einbezogen. Dabei geht es hier primär um die Höhe der Erträgnisse aus dem Vermögen und nicht um eine Pflicht zur Verwertung desselben.

Neben den so genannten Sachbezügen – beispielsweise die Privatnutzung eines Firmenfahrzeuges – ist vor allem das Wohnen in der eigenen Immobilie praxisrelevant.

▸ Wie wird das Wohnen im eigenen Haus bewertet?

Es besteht ein sogenannter „Wohnwert“ oder auch „Wohnvorteil“, der grundsätzlich darin liegt, dass der Hauseigentümer preiswerter wohnt als der Mieter und sich die monatlichen Mietkosten erspart. Dieser Wohnwert ist grundsätzlich mit der Miete gleichzusetzen, die auf dem Markt für die Immobilie von einem fremden Dritten erzielt werden könnte. Man spricht hier von dem marktüblichen Mietzins.

▸ Wer stellt die Höhe des Wohnwertes fest?

Es gibt mehrere Möglichkeiten: Zum Einen gibt es in mehreren Städten einen Mietspiegel, zum Anderen nimmt auch das Gericht im Streitfall eine gewisse Sachkunde für sich in Anspruch.

Soweit sich die Eheleute über die Höhe des zu erzielenden Mietzinses für die Immobilie nicht einigen können und auch die vorgenannten Möglichkeiten nicht in Betracht kommen, bleibt hier nur die Einholung eines Sachverständigengutachtens.

▸ Wie wird der Wohnvorteil bei der Berechnung des Kindesunterhalts bemessen?

Der Wohnwert ist beim Kindesunterhalt nur dann einkommenserhöhend zu berücksichtigen, wenn der Elternteil, der Barunterhalt leisten muss, in der eigenen Immobilie wohnt. Lebt das Kind, das unterhaltsberechtigt ist mit dem betreuenden Elternteil mietfrei, so ist der Wohnvorteil nur bei dem betreuenden Elternteil im Rahmen des Ehegattenunterhalts in Ansatz zu bringen. Beim Kindesunterhalt wird dies nicht durch eine Kürzung des Unterhaltsbetrages berücksichtigt.

▸ Welche Besonderheiten gelten beim Ehegattenunterhalt?

Beim Ehegattenunterhalt ist für die Dauer des Getrenntlebens und für die Zeit nach der Scheidung zu differenzieren.

Beim Trennungsunterhalt ist zugunsten des Ehepartners, der in der Immobilie verbleibt lediglich ein angemessener Wohnvorteil zu berücksichtigen. Dieser hat nach Auszug des anderen Ehepartners keinen wirtschaftlichen Nutzen von der gesamten Immobilie. Diese ist ihm vielmehr durch die Trennung aufgedrängt.

▸ Wie hoch ist ein angemessener Wohnvorteil?

Der angemessene (oder auch subjektive) Wohnwert orientiert sich an dem, was der getrenntlebende Ehegatte für eine angemessene Mietwohnung aufwenden müsste, also an der ersparten Miete. Als Untergrenze für den subjektiven Wohnwert gilt der Anteil der Kaltmiete im kleinen Selbstbehalt (siehe Leitlinien der OLG Punkt 21.2).

▸ Muss der in dem Haus verbleibende Ehegatte untervermieten?

Eine Verwertung oder Vermietung ist während der Trennungszeit nicht zumutbar, weil der Gesetzgeber bis zur Scheidung eine Versöhnung der Eheleute als nicht ausgeschlossen betrachtet. Es soll vermieden werden, dass das Familienheim vorschnell aufgegeben und so eine Fortsetzung der ehelichen Lebensgemeinschaft erschwert wird.

▸ Wird der reduzierte Wohnwert nur für ein Jahr oder für die ganze Trennungszeit angenommen?

Wie lange der reduzierte Wohnwert anzusetzen ist, hängt schließlich auch von dem Einzelfall ab. In diesem Zusammenhang wird man berücksichtigen, ob neben dem Ehepartner auch gemeinsame Kinder in der Immobilie wohnen und ob ein Umzug zumutbar ist.

Sicher ist der Ansatz des reduzierten Wohnwertes jedenfalls für das erste Jahr der Trennung.

Etwas anderes gilt selbstverständlich dann, wenn die Immobilie bereits im Trennungsjahr von einem Ehepartner zu Alleineigentum übernommen wurde oder durch Untervermietung oder das Zusammenleben mit einem neuen Partner die Immobilie voll genutzt wird.

▸ Was gilt für den nachehelichen Unterhalt?

Für den nachehelichen gilt das Vorstehende nicht. Es ist regelmäßig die objektive Marktmiete in Ansatz zu bringen. Mit Rechtskraft der Scheidung steht das Familienheim, sei es eine Wohnung oder ein Haus, nicht mehr unter dem besonderen Schutz als Ehewohnung. Die Ehe ist geschieden und damit ist jeder verpflichtet, das vorhandene Vermögen unterhaltsrechtlich in vollem Umfang zu nutzen.

▸ Wie werden vorhandene Ausgaben für die Immobilie berücksichtigt?

Von dem ermittelten Wohnwert, sei es der angemessene oder der objektive, sind selbstverständlich die vorhandenen Hauslasten in Abzug zu bringen. Die klassischen Nebenkosten, wie Wasser, Strom, Heizung, etc. haben keinen Einfluss auf die Höhe des Wohnwertes und sind nicht abzugsfähig. Es handelt sich hierbei um allgemeine Lebenshaltungskosten, die auch von einem Mieter zu tragen sind und nicht als gesonderte Abzugspositionen gelten. Etwas anderes gilt für die so genannten verbrauchsunabhängigen Kosten eines Hauses, wie beispielsweise Grundsteuer oder Versicherungen. Diese sind dann abzugsfähig, wenn die Immobilie im Miteigentum beider Ehegatten steht und einer diese Kosten alleine trägt. Sofern das Eigenheim im Alleineigentum eines Ehegatten steht, sind ebenso wie bei einem Mieter, die verbrauchsunabhängigen Nebenkosten nicht abzugsfähig.

Instandhaltungsrücklagen sind abzugsfähig soweit sie für notwendige und nicht aufschiebbare Maßnahmen gebildet werden. Dies ist gegebenenfalls nachzuweisen.

▸ Können die monatlichen Raten für die Finanzierung der Immobilie in Abzug gebracht werden?

Der Abzugsfähigkeit von Zins- und Tilgungsleistungen an die finanzierende Bank kommt die größte Bedeutung zu. Darlehenszinsen sind sowohl beim Trennungsunterhalt als auch beim nachehelichen Unterhalt grundsätzlich immer vom Wohnwert abzuziehen. Hinsichtlich der Tilgung ist zunächst einmal festzustellen, dass diese Vermögensbildung ist. Mit der monatlichen Tilgungsleistung werden die Schulden gegenüber der Bank zurückgeführt. Die Belastung der Immobilie wird geringer und dadurch Vermögen gebildet.

Während des Getrenntlebens und bis zur Rechtshängigkeit des Scheidungsantrages werden daher auch die Tilgungsleistungen von dem Wohnwert in Abzug gebracht und somit bei der Berechnung des Unterhalts berücksichtigt. Erst die Rechtshängigkeit des Scheidungsantrages führt zu dem Stichtag, der dann für die Durchführung des Zugewinnausgleichs von Bedeutung ist. Bis zu diesem Stichtag hat der Ehegatte an der Vermögensbildung durch Rückführung der Verbindlichkeiten teil.

Nach Rechtshängigkeit des Scheidungsantrages, also während des Scheidungsverfahrens kommt es darauf an, ob die Immobilie im Alleineigentum eines Ehepartners oder im Miteigentum beider Ehepartner steht. Bei Alleineigentum eines Ehepartners ist die monatliche Tilgung reine Vermögensbildung, da das so genannte Endvermögen eines jeden Ehegatten mit der Zustellung des Scheidungsantrages festgelegt wird. Vermögensveränderungen nach diesem Stichtag kommen jedem Ehegatten getrennt zugute und werden nicht mehr ausgeglichen.

Gleiches gilt selbstverständlich ab Rechtskraft der Scheidung: Für den nachehelichen Unterhalt sind bei Alleineigentum eines Ehegatten nur noch die Zinsen und nicht mehr die Tilgung abzugsfähig.

▸ Was ist, wenn die monatlichen Raten die Höhe des ortsüblichen Mietzinses übersteigen?

Nicht selten übersteigen die Zins- und Tilgungsleistungen den angemessenen Wohnwert. Für diesen Fall ist ein so genannter negativer Wohnwert zu bilden, soweit es sich um gemeinsames Eigentum handelt. Dieser negative Wohnwert wird dann als Belastung von den sonstigen Einkünften in Abzug gebracht.

Beispiel: Nach der Trennung bleibt der Ehemann in der gemeinsamen Immobilie, während die Ehefrau mit den gemeinsamen Kindern auszieht. Es besteht eine Unterhaltsverpflichtung gegenüber beiden Kindern und der Frau. Das Nettoeinkommen des Ehemannes beläuft sich auf 3500 €. Das Wohnen in dem gemeinsamen Haus wird während der Dauer des Getrenntlebens mit 600 € bewertet. Die monatlichen Zins- und Darlehensbelastungen belaufen sich auf 900 €. Der negative Wohnwert beträgt also 300 € und ist von dem Einkommen in Abzug zu bringen. Es verbleibt ein Einkommen in Höhe von 3200 €.

▸ Gilt der Wohnwert auch dann, wenn kostenfrei bei Eltern oder Bekannten gewohnt wird?

Vielfach stellt sich bei der Ermittlung des unterhaltsrelevanten Einkommens in der Tat die Frage, ob Geschenke oder Zahlungen von Dritten auf der Einkommensseite zu berücksichtigen sind.

Insoweit handelt es sich um freiwillige Leistungen meist nahe stehender Personen, wie Eltern oder Geschwister, die nicht dazu gedacht sind, den Unterhaltsverpflichteten zu entlasten. Sie sind aus diesem Grund anrechnungsfrei. Dies gilt selbstverständlich auch dann, wenn ein Ehegatte nach Auszug kostenfrei vorübergehend bei den Eltern, Freunden oder Bekannten lebt.

8. Einkommen aus wirtschaftlicher Gemeinschaft

▸ Was gilt, wenn der Unterhaltsberechtigte mit einem neuen Partner in einem Haushalt lebt?

Unterhaltsrechtlich zu berücksichtigen ist das Zusammenleben des Unterhaltsverpflichteten oder auch des Unterhaltsberechtigten mit einem neuen Partner in einem gemeinsamen Haushalt.

Führt der Unterhaltsberechtigte dem neuen Partner den Haushalt, können fiktive Einkünfte auf der Basis des Einkommens einer Haushaltshilfe unterhaltsrechtlich zugerechnet werden. Voraussetzung ist allerdings, dass der neue Partner in der Lage wäre, ein solches Gehalt auch zu zahlen. Diese Thematik ist in Literatur und Rechtsprechung umstritten. In Betracht kommen kann auch ein Einkommen aus so genannten ersparten Aufwendungen, da die Haushaltsführung zu zweit preisgünstiger ist als ein Einzelhaushalt. Es empfiehlt sich zu dieser Thematik der Blick in die Leitlinien des jeweils zuständigen Oberlandesgerichts. In jedem Fall ist es einkommenserhöhend zu berücksichtigen, wenn ein Ehegatte nach der Trennung mit einem neuen Partner zusammenlebt.

VII. Bereinigungspositionen

Für die Unterhaltsberechnung ist stets das so genannte bereinigte Nettoeinkommen anzusetzen. Von den vorstehend ermittelten Einkünften sind die Abzüge vorzunehmen, die während des intakten Zusammenlebens vorhanden waren. Grund dafür ist, dass später bei den Unterhaltszahlungen kein Geld verteilt werden kann, was den Eheleuten während des Zusammenlebens nicht zur Verfügung stand. Die ehelichen Lebensverhältnisse wurden durch das Einkommen und die vorhandenen Abzüge geprägt.

▸ Welche Abzüge kommen in Frage?

Primär sind dies folgende Bereinigungspositionen:

- Steuern,
- Krankenversicherung/Altersvorsorge,
- Beruflich bedingte Aufwendungen,
- Kosten der Kinderbetreuung/Betreuungsbonus,
- Schulden
- Besonderer Bedarf wegen Krankheit.

Zu den Bereinigungspositionen ist in dem Kapitel Checklisten (S. 93) eine Auswahl vorhanden. Dies dient als Gedankenstütze. Nicht alle dort genannten Positionen sind in jeder Trennungs- und Scheidungssache abzugsfähig. Der Anwalt wird die Positionen berücksichtigen und auswählen, die von Relevanz sind.

▸ Welche Steuerbelastung ist relevant?

Das Einkommen ist grundsätzlich um die anfallende Einkommen- und Kirchensteuer zu reduzieren. Es gilt das so genannte „In-Prinzip“. Das bedeutet, dass eine jeweilige Steuernachzahlung oder Steuererstattung in dem Jahr berücksichtigt wird, in dem sie anfällt, auch wenn der Veranlagungszeitraum das Vorjahr betrifft.

▸ Wie werden Vorsorgeaufwendungen berücksichtigt?

Das Einkommen ist darüber hinaus um so genannte Vorsorgeaufwendungen zu bereinigen. Hier ist zwischen den Nichtselbständigen und Selbständigen zu unterscheiden.

Der Unterhaltsverpflichtete kann selbstverständlich Beiträge zur Kranken- und Pflegeversicherung sowie zur Renten- und Arbeitslosenversicherung in der tatsächlich entstandenen Höhe in Abzug bringen, soweit der Arbeitgeber zur Kranken- und Pflegeversicherung einen Zuschuss leistet, ist dieser zu berücksichtigen.

Grundsätzlich sollte hier die Jahresabrechnung, in der Regel die Gehaltsabrechnung für Dezember geprüft werden. Sie enthält die aufgelaufenen Jahresbeträge. Monatliche Prämien für private Zusatzkrankenversicherungen sind gleichermaßen zu berücksichtigen.

Bei Selbständigen gilt hinsichtlich der Kranken- und Pflegeversicherung das eben Gesagte.

▸ Wie wird eine zusätzliche Altersvorsorge behandelt?

Die Altersvorsorge schlägt bei der Bereinigung des Einkommens mit 20% des Bruttoeinkommens zu Buche. Dies entspricht dem derzeitigen Beitragssatz der gesetzlichen Rentenversicherung. Bei Einkünften die über der Beitragsbemessungsgrenze liegen (im Jahr 2007 waren dies 5250 €) besteht die Berechtigung, eine Zusatzversorgung abzuschließen. Insoweit werden weitere 4% des Bruttoeinkommens akzeptiert, soweit keine anderweitige Absicherung für das Alter schon besteht. Diese Zusatzversorgung kann durch die Prämienzahlung in eine Lebensversicherung erfolgen, aber auch durch den Abschluss von Rentenversicherungen oder Erwerb einer Immobilie als Kapitalanlage, sowie sonstige konservative Vermögensanlagen, die nicht rein spekulativ sind. Soweit die oben genannten Grenzen eingehalten werden, ist auch nicht zu beanstanden, wenn über diese zusätzliche Altersversorgung einseitig Vermögen gebildet wird.

Als Altersvorsorge ist der Selbständige berechtigt, 24% seines Gewinns (= Bruttoeinkommen) für die Altersversorgung zu investieren. Hinsichtlich der Anlageform ist er in der Wahl der Verträge frei, soweit es nicht spekulativ ist. Ausnahmen hiervon bilden Freiberufler, die einer berufsständischen Versorgung mitversichert sind. Dies gilt beispielsweise für Rechtsanwälte oder Ärzte.

▸ Was sind berufsbedingte Aufwendungen?

Das Einkommen ist ferner um berufsbedingte Aufwendungen zu bereinigen. Dabei wird immer vorausgesetzt, dass eine Erstattung durch den Arbeitgeber nicht stattfindet. Berufsbedingte Aufwendungen sind beispielsweise die Fahrtkosten zwischen der Wohnung und dem Arbeitsplatz, Beiträge zu Berufsverbänden, Arbeitsmittel oder Arbeitskleidung, sofern sie vom Arbeitnehmer selbst zu zahlen sind.

Auch hier muss auf die Leitlinien des jeweiligen Oberlandesgerichts verwiesen werden (S. 101 ff.). Dort ist geregelt, welcher pauschale Betrag für diese berufsbedingten Aufwendungen in Abzug gebracht werden kann. Insoweit bestehen Unter- und Obergrenzen zwischen 50 € und 150 €.

Werden darüber hinausgehende berufsbedingte Aufwendungen geltend gemacht, sind diese konkret anhand von Einzelaufstellungen und Belegen nachzuweisen.

▸ In welcher Höhe werden Kinderbetreuungskosten angerechnet?

Als weitere Bereinigungsposition müssen Kinderbetreuungskosten und der so genannte Betreuungsbonus berücksichtigt werden. Insbesondere nach der Gesetzesänderung vom Januar 2008 handelt es sich hierbei um eine wichtige Position. Es besteht für den betreuenden Elternteil eine Erwerbsobliegenheit ab dem dritten Lebensjahr des Kindes, soweit eine Fremdbetreuung möglich ist. Umso wichtiger ist es daher, dass damit verbundene Kosten und Aufwendungen vom Einkommen in Abzug gebracht werden können.

Die Kosten der Kinderbetreuung sind sowohl beim Pflichtigen als auch beim Bedürftigen zu berücksichtigen, wenn sie zur Ausübung der Erwerbstätigkeit zwingend anfallen. Hierbei handelt es sich insbesondere um die Kosten für ein Kindermädchen, den

Kindergarten oder den Hort. Alternativ zu den tatsächlichen Betreuungskosten kann ein so genannter Betreuungsbonus geltend gemacht werden. Sinn und Zweck des Betreuungsbonus ist es, einen Teil des Erwerbseinkommens anrechnungsfrei zu lassen, um dem erhöhten Aufwand einer Erwerbstätigkeit neben der Kinderbetreuung gerecht zu werden. Im Ergebnis wird also entweder der tatsächliche Kostenbetrag berücksichtigt, oder in dieser Größenordnung ein Teil des Erwerbseinkommens anrechnungsfrei belassen.

▸ Wie werden Schulden bei der Bereinigung des Einkommens in Ansatz gebracht?

Eine der wichtigsten Bereinigungspositionen sind sicher die in der Ehe eingegangenen Schulden. Sei es die Finanzierung für eine eigene Immobilie oder der klassische Ratenkredit für die Anschaffung von Konsumgütern.

Insoweit gilt der Grundsatz, dass alle bis zur Trennung aufgenommenen Darlehen und Kredite, die auch in der Ehe bezahlt wurden, als Bereinigungsposition zu berücksichtigen sind. Dies gilt für Konsumkredite, beispielsweise für die Anschaffung eines Pkws oder diversen Einrichtungsgegenständen. Dies gilt auch für Immobilienkredite oder den aufgenommenen Kredit zum Ausgleich des Girokontos. Ferner für Steuerschulden oder sonstige private Darlehen.

▸ Was ist mit Schulden, die ein Ehepartner vor der Ehe eingegangen ist?

Die Abzugsfähigkeit kann auch für Verbindlichkeiten gelten, die ein Ehepartner in die Ehe mitgebracht hat und die während der Ehe abgezahlt worden sind. Fest steht, dass diese Ausgaben die ehelichen Lebensverhältnisse geprägt haben und die jeweiligen monatlichen Raten dem Unterhalt der Eheleute nicht zur Verfügung standen. Von entscheidender Bedeutung ist dabei, dass die Schulden mit ausdrücklicher oder zumindest stillschweigender Billigung und Akzeptanz beider Ehegatten begründet oder übernommen wurden.

▸ Was ist mit Schulden, die ein Ehepartner gegen den Willen des anderen aufgenommen hat?

Verbindlichkeiten, die ein Ehepartner leichtfertig eingegangen ist, beispielsweise um teure Hobbys oder Laster zu finanzieren, sind nicht abzugsfähig. Gleiches gilt für Schulden, die gegen den ausdrücklichen Willen des anderen Ehepartners gemacht wurden.

▸ Wie werden Darlehen berücksichtigt, die ein Ehepartner alleine nach der Trennung aufnimmt?

Schulden, die Ehegatten nach der Trennung oder Scheidung aufnehmen, werden dann als Bereinigungspositionen akzeptiert, wenn sie nicht leichtfertig eingegangen wurden und unumgänglich waren. Insbesondere nachdem sowohl Rechtsprechung als auch der Gesetzgeber klargestellt haben, dass es keine Lebensstandardgarantie mehr gibt, muss auch der Bedürftige mit einer negativen Entwicklung der Einkommensverhältnisse des Pflichtigen rechnen.

Insbesondere durch die Trennung der Parteien können finanzielle Mittel benötigt werden, die eine Darlehensaufnahme erforderlich machen: So beispielsweise die Finanzierung eines Umzuges oder die Neuanschaffung von Hausrat. Zu beachten ist jedoch, dass bei diesen Verbindlichkeiten lediglich der Zinsanteil vom Einkommen in Abzug gebracht werden kann. Die Tilgung wird wiederum als einseitige Vermögensbildung betrachtet.

▸ Werden monatliche Aufwendungen für Medikamente berücksichtigt, die die Krankenversicherung nicht übernimmt?

Auf konkreten Nachweis ist es sowohl dem Unterhaltsverpflichteten, als auch dem Unterhaltsberechtigten gestattet, etwaige Mehrkosten wegen einer Erkrankung, Behinderung oder aufgrund von Alter und Ausbildung von seinem Einkommen in Abzug zu bringen. Hier bedarf es jedoch einer detaillierten Darlegung über die Notwendigkeit solcher Ausgaben. Außerdem sind Quittungen und Bestätigungen vorzulegen.

▸ Wie sieht schließlich unter Berücksichtigung aller Aspekte eine Unterhaltsberechnung aus?

Beispiel: Die Eheleute leben seit November 2007 voneinander getrennt. Seinerzeit ist die Ehefrau aus der im gemeinsamen Eigentum stehenden Ehewohnung ausgezogen. Aus der Ehe ist das gemeinsame Kind Paul, 5 Jahre alt, hervorgegangen.

Der Ehemann ist Angestellter und verfügt über ein durchschnittliches monatliches Nettoeinkommen in Höhe von 3100 €. Von seinem Arbeitgeber erhält er ein Firmenfahrzeug, welches er auch privat nutzen kann. Berufsbedingte Fahrtkosten sind bei ihm daher nicht zu berücksichtigen. Vielmehr ist ihm ein geldwerter Vorteil in Höhe von 150 € zuzurechnen. Darüber hinaus nutzt er die gemeinsame Eigentumswohnung nach der Trennung allein. Für die Dauer des Getrenntlebens ist der subjektive Wohnwert mit 500 € zu berücksichtigen. Insgesamt ist danach von einem Nettoeinkommen in Höhe von 3750 € auszugehen.

Das Einkommen des Ehemannes ist um folgende Positionen zu bereinigen:

Private Lebensversicherung	./. 132 €
Fondsparplan	./. 90 €
Versicherungen	./. 140 €
Prämien zur Bausparkasse	./. 160 €
Finanzierung Eigentumswohnung	./. 740 €
Grundbesitzabgaben	./. 12 €
Darlehen Küche und Wohnungseinrichtung	./. 400 €

Einkommen nach Abzug der Bereinigungsposition 2.076 €

Mit diesem Einkommen ist der Ehemann in die Einkommensgruppe 4 der Düsseldorfer Tabelle einzustufen und dort in die Altersgruppe 1. Sein Einkommen entspricht zwar nur der Einkommensgruppe 3 (1901 € bis 2300 €), da er jedoch nur der Ehefrau und einem Kind unterhaltsverpflichtet ist, erfolgt die Höherstufung um eine Gruppe, respektive in die Gruppe 4 (2301 € bis 2700 €). Der Tabellenbetrag für den gemeinsamen Sohn beläuft sich auf 321 €. Das staatliche Kindergeld in Höhe von 154 € erhält die Ehefrau. Aus diesem Grund darf der Ehemann den hälftigen Betrag von dem Tabellensatz in Abzug bringen. Der Zahlbetrag beläuft sich daher auf 244 € monatlich.

Das unterhaltsrelevante Einkommen zur Berechnung des Ehegattenunterhalts beträgt danach 1832 €.

Die Ehefrau kommt ihrer bestehenden Erwerbsobliegenheit nach und ist halbtags tätig. Sie erzielt ein Nettoeinkommen in Höhe von 1100 €.

Das Einkommen ist um die berufsbedingten Aufwendungen mit pauschal 5%, also in Höhe von 55 € zu bereinigen. Von dem verbleibenden Einkommen in Höhe von 1045 € sind die monatlichen Kosten der Kindertagesstätte mit 150 € zu berücksichtigen, sowie der Beitrag für eine Riesterrente mit 35 €. Das bereinigte unterhaltsrelevante Einkommen der Ehefrau beträgt 860 €.

Beide Einkünfte sind schließlich um den Erwerbstätigenbonus (nach OLG Frankfurt 1/7) zu reduzieren. Bei dem Ehemann ist dies ein Betrag in Höhe von 261,71 €. Es verbleiben 1570,29 €. Bei der Ehefrau beträgt der Erwerbstätigenbonus 122,85 €. Es verbleiben hier 737,15 €. Die Differenz beider Einkünfte beträgt 833,14 €, hiervon steht der Ehefrau ½ zu, mithin ein Betrag in Höhe von 416,57 €.

Der Ehemann hat danach Unterhaltszahlungen für den gemeinsamen Sohn in Höhe von 244 € und für die Ehefrau in Höhe von gerundet 416 € zu leisten.

VIII. Verwertung des vorhandenen Vermögens

▸ Müssen Eltern zur Begleichung des Kindesunterhaltes ihr Vermögen antasten?

Ja, denn aufgrund der gesteigerten Unterhaltsverpflichtung gegenüber minderjährigen Kindern sind Eltern gehalten, ihr Vermögen einzusetzen, sofern das laufende Einkommen nicht ausreicht, um den Mindestunterhalt zu leisten.

▸ Besteht diese Verpflichtung auch beim Ehegattenunterhalt?

Beim Ehegattenunterhalt gilt für den Unterhaltspflichtigen und den Unterhaltsberechtigten, dass Vermögen dann nicht verwertet werden muss, wenn dies unwirtschaftlich ist oder unter Berücksichtigung der beiderseitigen wirtschaftlichen Verhältnisse unbillig wäre.

Es wird also geprüft, welches Vermögen bei beiden Ehegatten vorhanden ist. Sofern der Unterhaltsberechtigte über Vermögen verfügt und der Unterhaltsverpflichtete lediglich sein monatliches Einkommen erzielt, kann eine Verpflichtung des Berechtigten zur Verwertung des Vermögens bejaht werden. Schließlich wird es auch darauf ankommen, in welcher Form Vermögen vorhanden ist. Dabei ist zwischen dem jederzeit verfügbaren Bargeld und einer Immobilie, die den Wohnbedarf abdeckt, zu differenzieren.

In der Regel wird man jedoch nur in Ausnahmefällen zu einer Verwertung des vorhandenen Vermögens verpflichten.

IX. Leistungsfähigkeit

Nach der Ermittlung des unterhaltsrelevanten Einkommens und der zulässigen Bereinigungspositionen stellt sich regelmäßig die Frage, in welchem Umfang der Unterhaltsverpflichtete leistungsfähig ist.

Gemäß § 1603 BGB ist nicht unterhaltspflichtig, wer bei Berücksichtigung seiner sonstigen Verpflichtungen außer Stande ist, ohne Gefährdung seines eigenen Unterhalts den Unterhalt zu gewähren.

1. Notwendiger Selbstbehalt

▸ Welcher monatliche Betrag muss dem Unterhaltsverpflichteten verbleiben?

Für den eigenen Unterhalt steht als anderer Begriff der so genannte Selbstbehalt. Das ist der Betrag, der dem Unterhaltspflichtigen auf jeden Fall verbleiben muss. Dabei wird zwischen dem notwendigen, dem angemessenen und dem eheangemessenen Selbstbehalt unterschieden.

Der notwendige Selbstbehalt, der gegenüber minderjährigen Kindern gilt, ist seit dem 1. 7. 2007 einheitlich auf einen Betrag in Höhe von 900 € monatlich festgesetzt worden. Dieser Betrag wird angesetzt, sofern der Unterhaltsverpflichtete erwerbstätig ist. Für den Nichterwerbstätigen gilt ein monatlicher Selbstbehalt in Höhe von 770 €.

Dieser Selbstbehalt kann im Einzelfall herabgesetzt werden, wenn der Unterhaltspflichtige wieder verheiratet ist oder mit einem neuen Partner in einem Haushalt lebt und hierdurch Ersparnisse hat.

In dem Selbsthalt sind für Miete und Nebenkosten 380 € vorgesehen. Der Anteil für den allgemeinen Lebensbedarf ist mit 520 € monatlich berücksichtigt. Es kann also auch zu einer Erhöhung des Selbstbehaltes kommen, wenn der Unterhaltspflichtige nachweist, dass er zwangsläufig diese Wohnkosten überschreiten muss.

2. Angemessener Selbstbehalt

▸ Wie hoch ist der angemessene Selbstbehalt?

Der angemessene Selbstbehalt gegenüber volljährigen Kindern beträgt 1100 €. Davon sind 480 € für den Wohnbedarf und 620 € für die allgemeinen Lebenshaltungskosten.

Gegenüber den Unterhaltsansprüchen von Eltern beträgt der angemessene Selbstbehalt monatlich 1400 €, wobei die Hälfte des diesen Mindestbetrag übersteigenden Einkommens ebenfalls anrechnungsfrei bleibt.

Beispiel: Die Eltern sind mit ihrer monatlichen Rente nicht in der Lage ihren Unterhaltsbedarf und die Kosten eines Pflegeheimes aufzubringen. Der einzige Sohn ist alleinstehend und wird auf Elternunterhalt in Anspruch genommen. Er verfügt über ein monatliches bereinigtes Nettoeinkommen in Höhe von 4000 €. Welcher Betrag ist anrechnungsfrei? Gegenüber seinen Eltern hat er einen Selbstbehalt in Höhe von 1400 €. Von dem verbleibenden Einkommen, also dem Betrag in Höhe von 2600 € bleibt gemäß dem Vorstehenden die Hälfte anrechnungsfrei, also weitere 1300 €. Der Sohn hat einen Selbstbehalt in Höhe von insgesamt 2700 €. 1300 € stehen für Unterhaltsleistungen an die Eltern zur Verfügung.

▸ Wie hoch ist der Betrag, der gegenüber Ehegatten als Selbstbehalt geltend gemacht werden kann?

Der eheangemessene Selbstbehalt beträgt beim Trennungsunterhalt und beim Geschiedenenunterhalt stets 1000 € monatlich. In diesem Betrag ist ein Wohnbedarf in Höhe von 430 € enthalten.

X. Steuerliche Aspekte: Die Einkommensteuerveranlagung (gemeinsam/getrennt)

Voraussetzung für die Zusammenveranlagung und damit auch für die Inanspruchnahme des günstigen Splittingtarifs ist, dass die Eheleute nicht dauernd getrennt leben.

1. Die gemeinsame Veranlagung

▸ Wie lange kann nach einer Trennung noch eine gemeinsame Steuererklärung abgegeben werden?

Voraussetzung für die Scheidung ist das so genannte Trennungsjahr, also das Getrenntleben über die Dauer von 12 Monaten. Demzufolge kann der Splittingtarif im Jahr der Scheidung regelmäßig nicht mehr in Anspruch genommen werden. Für die Jahre davor kann die Zusammenveranlagung gewählt werden, sofern die Eheleute mindestens einen Tag im Jahr „Tisch und Bett" geteilt haben.

Trennen sich die Eheleute beispielsweise am 5. Januar 2008, bleibt es für das gesamte Jahr 2008 bei der gemeinsamen Veranlagung. Im folgenden Jahr werden beide Ehegatten getrennt veranlagt.

Kurze Versöhnungsversuche der Eheleute unterbrechen nicht das Trennungsjahr, führen aber steuerlich zu dem Genuss der Zusammenveranlagung.

Beispiel: Die Eheleute trennen sich am 15. 7. 2006. Für das Jahr 2006 kann noch eine gemeinsame Steuererklärung eingereicht werden. Der Scheidungsantrag wird im Sommer 2007 gestellt. Während des laufenden Scheidungsverfahrens unternehmen die Ehepartner einen Versöhnungsversuch und leben, bevor dieser scheitert, für zwei Wochen zusammen in der früheren Ehewohnung. Obgleich die Trennung der Parteien bereits im Jahr 2006 erfolgt ist, kann für das Jahr 2007 noch eine gemeinsame Veranlagung stattfinden. Gleichermaßen kann auch die Scheidung der Ehe erfolgen.

Problematisch ist immer die Situation, wenn ein Ehepartner die getrennte Veranlagung beantragt, etwa durch Abgabe der Steuererklärung. Ungeachtet dessen, dass beide Ehepartner bei Bestehen der Ehe verpflichtet sind, an einem steuerlich günstigen Ergebnis mitzuwirken, gibt es hier eine Ausnahmeregelung: Sofern ein Partner keine eigenen Einkünfte bezieht oder diese unter dem Grundfreibetrag von momentan 7664 € liegen, ist der einseitige Antrag auf getrennte Veranlagung unwirksam.

2. Steuerklassen

Wann müssen die Steuerklassen geändert werden?

Die Wahl der Lohnsteuerklassen baut auf der Frage der Zusammenveranlagung auf.

Solange Eheleute zusammen veranlagt werden, haben sie die Möglichkeit, die Lohnsteuerklassen zu wählen und zwar entweder IV/IV oder III/V.

Entsprechend der gemeinsamen Veranlagung ändert sich an diesen Lohnsteuerklassen in dem Jahr, in dem die Trennung stattgefunden hat, nichts. Sofern also die Eheleute bereits das gesamte Kalenderjahr dauernd getrennt gelebt haben, besteht kein Anspruch mehr auf den Splittingvorteil und damit auf die Steuerklasse, die Ehegatten vorbehalten sind.

Maßgeblich sind dann die Steuerklassen I und II. Sofern die Eheleute keine gemeinsamen Kinder haben, sind beide Partner in der Steuerklasse I. Sind Kinder vorhanden, hat der Ehepartner, in dessen Haushalt das gemeinsame Kind lebt, die Steuerklasse II, der andere Ehepartner die Steuerklasse I.

3. Nachzahlungen/Erstattungen

▸ Wie werden Steuernachzahlungen oder Steuererstattungen in der Trennungsphase behandelt?

Problematisch sind die Steuerbescheide für das getrennt lebende Ehepaar. Es ergehen zwei separate Bescheide mit individuellen

Berechnungen. Jeder zahlt die Steuerlast oder erhält die Erstattung, die in seinem Bescheid ausgewiesen ist. Werden die Eheleute zusammen veranlagt, sind sie grundsätzlich Gesamtschuldner. Sie haften beide dem Finanzamt wegen einer eventueller Nachzahlung. Das heißt, dass auch der Ehegatte, der keine eigenen Einnahmen erzielt hat, vom Finanzamt wegen der kompletten Nachforderung in Anspruch genommen werden kann.

Können sich Eheleute über die Nachzahlungsverpflichtung nicht einigen, besteht die Möglichkeit, durch ein Schreiben an das zuständige Finanzamt die Aufteilung der Steuerschuld zu beantragen. Es ergehen dann zwei gesonderte Steuerbescheide. Entsprechend der erzielten Einnahmen wird für jeden Ehepartner die Steuerlast errechnet und festgesetzt.

Doch nicht nur die Nachzahlungen sind zwischen getrennt lebenden Eheleuten oftmals streitig, gleiches gilt auch für Erstattungen. Viele Ehepaare gehen davon aus, dass diese hälftig aufzuteilen sind. Dies ist nicht der Fall: Die Steuererstattung steht grundsätzlich dem zu, der die Steuer auch zuvor an das Finanzamt geleistet hat. Dabei ist unerheblich, ob es sich hierbei um die einbehaltene Lohnsteuer oder um aktiv geleistete Vorauszahlungen handelt.

Auch in soweit kann ein Bescheid beantragt werden, der das vorhandene Guthaben für jeden Ehepartner gesondert berechnet.

▸ Wie werden Vorauszahlungen berücksichtigt, die die Ehegatten geleistet haben?

Ein Problem stellt sich hierbei häufig bei den Vorauszahlungen. Diese werden nicht selten vom gemeinsamen Ehegattenkonto gezahlt oder beispielsweise von einem gemeinsamen Mietkonto, auf welches die Mieteinnahmen fließen, sofern die Eheleute hälftige Miteigentümer sind. Für diesen Fall wird unterstellt, dass ein Guthaben dann hälftig zu teilen ist.

4. Abzugsfähige Zahlungen bei Trennung und Scheidung

▶ Kann die monatliche Unterhaltszahlung steuerlich geltend gemacht werden?

Die Unterhaltszahlungen an den getrennt lebenden Ehegatten oder auch an den geschiedenen Ehegatten sind steuerlich zu berücksichtigen.

Hier gibt es zwei Möglichkeiten und zwar entweder als Sonderausgabe oder als außergewöhnliche Belastung. Der Abzug der Unterhaltszahlungen als außergewöhnliche Belastung ist bis zu einem Höchstbetrag von jährlich 7680 € möglich. Voraussetzung hierfür ist jedoch, dass der Unterhaltberechtigte nicht mehr als 624 € im Kalenderjahr verdienen darf. Sofern seine Einkünfte diesen Betrag übersteigen, mindern sie den abzugsfähigen Höchstbetrag. Sie werden daher oftmals ins Leere laufen und stellen ohnehin die ungünstigere Variante zu der Berücksichtigung von Unterhaltszahlungen als Sonderausgabe dar.

Unterhaltszahlungen an den getrennt lebenden oder geschiedenen Ehepartner können als Sonderausgabe bis zu einem Jahreshöchstbetrag von 13.805 € steuerlich geltend gemacht werden. Hierfür ist die so genannte „Anlage U“ auszufüllen und zu unterzeichnen. Bei dem vorgenannten Betrag muss es sich nicht ausschließlich um Barzahlungen handeln. Auch Sachleistungen, wie etwa der Wert einer kostenlos überlassenen Wohnung oder eines Pkws können hier in Ansatz gebracht werden.

Der Unterhaltsempfänger muss diesem so genannten begrenzten Realsplitting auf der Anlage U durch seine Unterschrift zustimmen. Dies führt zu einer Besteuerung der Unterhaltszahlungen beim Empfänger. Ein Steuervorteil tritt ein, wenn der Progressionsgewinn bei dem Unterhaltszahlenden höher ist als die Steuerschuld beim Unterhaltsempfänger.

Wie bereits ausgeführt, kann es beim Unterhaltsempfänger zu einer Besteuerung der Einnahmen (der Unterhaltszahlungen) kommen. Der Unterhaltszahlende ist verpflichtet, die entstehende steuerliche Mehrbelastung sowie sonstige wirtschaftliche Nachteile (Steuerberaterkosten, Einbussen bei staatlichen Leistungen) zu ersetzen, respektive zu erstatten.

Unterhaltszahlungen an ein Kind werden steuerlich nicht berücksichtigt. Diese sind als Sonderausgaben nicht abzugsfähig. Ausnahmsweise können Zahlungen als außergewöhnliche Belastung geltend gemacht werden, wenn kein Anspruch auf Kindergeld mehr besteht. Dies ist nur dann der Fall, wenn bedürftige volljährige Kinder älter als 27 Jahre alt sind oder sich nicht mehr in der Ausbildung befinden.

XI. Einwendungen gegen die Unterhaltspflicht

1. Herabsetzung und zeitliche Begrenzung des Unterhaltsanspruchs wegen Unbilligkeit

Seit der Reform des Unterhaltsrechts vom 1. 1. 2008 gilt der neu eingefügte § 1578b BGB, der lautet:

§ 1578b BGB Herabsetzung und zeitliche Begrenzung des Unterhalts wegen Unbilligkeit.

1. Der Unterhaltsanspruch des geschiedenen Ehegatten ist auf den angemessenen Lebensbedarf herabzusetzen, wenn eine an den ehelichen Lebensverhältnissen orientierte Bemessung des Unterhaltsanspruchs auch unter Wahrung der Belange eines dem Berechtigten zur Pflege oder Erziehung anvertrauten gemeinschaftlichen Kindes unbillig wäre. Dabei ist insbesondere zu berücksichtigen, inwieweit durch die Ehe Nachteile im Hinblick auf die Möglichkeit eingetreten sind, für den eigenen Unterhalt zu sorgen. Solche Nachteile können sich vor allem aus der Dauer der Pflege oder Erziehung eines gemeinschaftlichen Kindes, aus der Gestaltung von Haushaltsführung und Erwerbstätigkeit während der Ehe sowie aus der Dauer der Ehe ergeben.
2. Der Unterhaltsanspruch des geschiedenen Ehegatten ist zeitlich zu begrenzen, wenn ein zeitlich unbegrenzter Unterhaltsanspruch auch unter Wahrung der Belange eines dem Berechtigten zur Pflege oder Erziehung anvertrauten gemeinschaftlichen Kindes unbillig wäre. Abs. 1. S. 2 und 3 gilt entsprechend.
3. Herabsetzung und zeitliche Begrenzung des Unterhaltsanspruchs können miteinander verbunden werden.

▸ Wann kann der Unterhaltsanspruch des Ehegatten zeitlich begrenzt oder der Höhe nach herabgesetzt werden?

Die vorstehende Regelung des § 1578b BGB stellt eine Möglichkeit dar, jeden Unterhaltstatbestand unter Abwägung der genannten Billigkeitskriterien herabzusetzen oder zeitlich zu begrenzen.

Bei Neuregelung ist der Gesetzgeber grundsätzlich davon ausgegangen, dass alle Beiträge, die ein Ehegatte für die Familie leistet – sei es die Berufstätigkeit, die Führung des Haushalts oder die Kindererziehung – absolut gleichwertig sind. Demzufolge sollen auch beide Ehegatten grundsätzlich einen Anspruch auf die gleiche Teilhabe am gemeinsam Erwirtschafteten haben. Dies hat aber nicht zur Folge, dass auch nach der Scheidung zeitlich unbegrenzt daraus eine Art Lebensstandardgarantie hergeleitet wird. Die Neuregelung stellt klar, dass zwar nacheheliche Unterhaltsansprüche der Grund für die aus der Ehe resultierende wechselseitige Solidarität ist, diese aber primär so genannte ehebedingte Nachteile ausgleichen sollen. Dabei sind insbesondere die Nachteile gemeint, die dadurch entstehen, dass ein Ehepartner gemäß der vereinbarten Aufgabenteilung die Haushaltsführung und Kinderbetreuung übernimmt und so nach der Scheidung nicht ohne Weiteres für seinen eigenen Unterhalt sorgen kann, beispielsweise weil die eigene Berufstätigkeit aufgegeben wurde.

Mit anderen Worten: Nacheheliche Unterhaltsansprüche sollen nicht mehr Garantie für einen einmal erworbenen Lebensstandard sein, sondern die Nachteile ausgleichen, die einem Ehegatten durch die Übernahme der Familienarbeit und die Aufgabe der Berufstätigkeit entstanden sind.

▸ Was sind die Kriterien für eine Herabsetzung oder Begrenzung?

Wie bereits ausgeführt handelt es sich bei der Neuregelung des § 1578b BGB um eine so genannte Billigkeitsregelung: Das bedeutet, es ist stets sehr konkret am Einzelfall zu prüfen, ob die Kriterien für eine Herabsetzung oder eine zeitliche Begrenzung des Unterhalts vorliegen. Zur besseren Übersicht werden nachstehend noch einmal die Kriterien aufgezählt, die von Bedeutung sind:

- Wahrung der Kindesbelange,
- ehebedingte Nachteile,
- Dauer der Kinderbetreuung,
- Gestaltung der Haushaltsführung und Erwerbstätigkeit,
- Dauer der Ehe sowie
- sonstige besondere Umstände.

2. Verwirkung des Unterhaltsanspruchs

▸ Kommt auch ein kompletter Ausschluss des Unterhaltsanspruchs in Betracht?

Ja, neben der Herabsetzung des Unterhalts auf den angemessenen Lebensbedarf oder eine Begrenzung der Dauer der Zahlungspflicht können weitere Gründe bestehen, die eine Unterhaltspflicht entfallen lassen.

Insoweit spricht man von einer Beschränkung oder Versagung des Unterhalts wegen grober Unbilligkeit.

Das heißt, dass der Unterhaltsberechtigte zwar grundsätzlich Anspruch auf Unterhalt hat, diesen aber aus den nachstehend aufgeführten Gründen verwirkt hat. Geregelt ist dies in § 1579 BGB. Dies betrifft primär den nachehelichen Unterhalt. Die Vorschrift ist jedoch auf den Trennungsunterhalt gleichermaßen anwendbar.

Dabei ist vorauszuschicken, dass es das Schuldprinzip bei einer Scheidung nicht mehr gibt. Gleichwohl wird ein schuldhaftes Verhalten des Unterhaltsberechtigten – wie beispielsweise die Verletzung der ehelichen Treuepflicht – im Unterhaltsrecht sanktioniert. Hintergrund der Regelung ist auch hier, dass es grob unbillig sein muss, wenn der Unterhaltsverpflichtete aufgrund des Verhaltens des Berechtigten gleichwohl zur Zahlung verpflichtet wird. In diesem Zusammenhang sind wieder zahlreiche Kriterien zu berücksichtigen, an erster Stelle die Belange der gemeinsamen Kinder.

Die von dem Gesetzgeber genannten Ausschlussgründe können zu einer prozentualen Herabsetzung, einer zeitlichen Begrenzung oder aber zum vollständigen Wegfall des Unterhaltsanspruchs führen. Nach den Umständen des Einzelfalles liegt die diesbezügliche Entscheidung im Ermessen des Gerichts.

▸ Was sind die Gründe hierfür?

Eine Beschränkung oder Versagung des Unterhalts kann aus folgenden Gründen in Betracht kommen:

(1) Der Unterhaltsanspruch kann ausgeschlossen sein, wenn die Ehe von kurzer Dauer war. Nach der Rechtssprechung ist eine

Ehe, die bis zu zwei Jahren gedauert hat, kurz im Sinne des Gesetzes. Eine Ehe die über drei Jahre gedauert hat, ist nicht mehr kurz. In dem Zeitraum, der dazwischen liegt, kommt es wieder auf den Einzelfall an und hier insbesondere auch auf die wirtschaftlichen Verflechtungen der Parteien.
Als Ehezeit zählt der Zeitraum zwischen der standesamtlichen Trauung und der Rechtshängigkeit des Scheidungsverfahrens. Das Scheidungsverfahren ist rechtshängig, wenn ein Ehepartner die Scheidung bei Gericht einreicht und das Gericht diesen Scheidungsantrag dem anderen Ehepartner über die Post zustellen lässt. An dem Tag, an dem diese Zustellung erfolgt, tritt die Rechtshängigkeit des Scheidungsverfahrens ein. Es ist also nicht von Bedeutung, wie lang ein tatsächliches eheliches Zusammenleben stattgefunden hat. Die Zeit des Getrenntlebens ist Ehezeit.
Ferner sind bei der Berechnung die Zeiten zu berücksichtigen, für welche der Unterhaltsberechtigte wegen der Pflege oder Erziehung eines gemeinschaftlichen Kindes Unterhalt verlangen kann. Dies führt dazu, dass eine Verwirkung des Unterhaltsanspruchs selten in Betracht kommen wird, wenn die Ehe zwar kurz ist, aber ein gemeinschaftliches Kind aus ihr hervorgegangen und zu betreuen ist.

(2) Der Unterhaltsanspruch kann ausgeschlossen sein, wenn der Unterhaltsberechtigte in einer verfestigten Lebensgemeinschaft lebt. Dieser Verwirkungsgrund ist in der Praxis der bedeutsamste. § 1579 Nr. 2 BGB sanktioniert dabei kein vorwerfbares Fehlverhalten im Sinne einer Verletzung der Treuepflicht. Dieser Ausschlussgrund orientiert sich vielmehr an rein objektiven Kriterien, respektive der Lebensgemeinschaft des Unterhaltsberechtigten mit seinem neuen Partner. Auch hier muss es bei objektiver Betrachtung unbillig und für den Verpflichteten unzumutbar sein, Unterhaltszahlungen zu leisten und damit, salopp gesagt, die neue Lebensgemeinschaft des Unterhaltsberechtigten zu „sponsern“.
Entscheidendes Kriterium ist bei der Bejahung dieses Ausschlussgrundes, dass der Unterhaltsberechtigte in einer so genannten verfestigten Lebensgemeinschaft lebt. Das heißt, dass

auch ein gemeinsames Auftreten in der Öffentlichkeit, ein gemeinsam geführter Haushalt, sowie gemeinsame Investitionen die neue Partnerschaft prägen. Sofern sich der Unterhaltsberechtigte also einem neuen Partner in dieser Form zugewandt hat, kann er insbesondere unter Berücksichtigung des seit Januar 2008 geltenden Unterhaltsrechts in einem solchen Fall nacheheliche Solidarität nicht mehr erwarten.

(3) Der Unterhaltsanspruch ist ferner verwirkt, wenn sich der Unterhaltsberechtigte eines Verbrechens oder eines schweren vorsätzlichen Vergehens gegen den Verpflichteten oder einen nahen Angehörigen des Verpflichteten schuldig gemacht hat.

Voraussetzung für diesen Ausschlussgrund ist das strafrechtlich relevante Verhalten des Unterhaltsberechtigten, respektive das Vorliegen eines Verbrechens und schwere vorsätzliche Vergehen. Die Straftaten müssen sich gegen den Unterhaltsverpflichteten oder seine Angehörigen richten. In der Praxis werden Verbrechen, die üblicherweise als solche bezeichnet werden (Mord/Totschlag/Körperverletzung) eine untergeordnete Rolle spielen. Von Bedeutung ist vielmehr ein betrügerisches Verhalten des Unterhaltsberechtigten, beispielsweise in Unterhaltsprozessen. Eine Verwirkung des Unterhaltsanspruchs gemäß § 1579 Nr. 3 BGB kommt auch bei einem so genannten Prozessbetrug in Betracht, wenn der Unterhaltsberechtigte durch falsche Angaben oder das Verschweigen wichtiger Informationen eine Unterhaltszahlung erreicht hat, die ihm eigentlich nicht zusteht.

(4) Gemäß § 1579 Nr. 4 BGB kommt eine Versagung oder Beschränkung des Unterhalts in Betracht, wenn der Unterhaltsberechtigte seine Unterhaltsbedürftigkeit mutwillig herbeigeführt hat. Dies kann beispielsweise dann der Fall sein, wenn der Unterhaltsberechtigte seine Arbeitsfähigkeit leichtfertig durch Alkohol- oder Drogenkonsum aufs Spiel setzt.

(5) Der Unterhaltsanspruch kann ausgeschlossen sein, wenn der Unterhaltsberechtigte sich über schwerwiegende Vermögensinteressen des Verpflichteten mutwillig hinweggesetzt hat. Unter diesen Tatbestand ist beispielsweise die Schädigung des Unterhaltsverpflichteten in der Öffentlichkeit zu fassen, beispielsweise durch Denunziationen beim Arbeitgeber, Rufschädigungen oder falsche und leichtfertige Strafanzeigen.

(6) Der Berechtigte erhält gemäß § 1579 Nr. 6 BGB keinen Unterhalt oder nur einen geringeren, wenn er vor der Trennung längere Zeit hindurch seine Pflicht, zum Familienunterhalt beizutragen, gröblich verletzt hat. Dies ist beispielsweise dann der Fall, wenn der Unterhaltsberechtigte, während des Zusammenlebens der Eheleute sein Einkommen ausschließlich für sich verwandt hat und damit die Familie in eine Notlage geriet.

(7) In der Praxis bedeutsamer ist die Regelung des § 1579 Nr. 7 BGB. Eine Verwirkung kann eintreten, wenn dem Berechtigten ein offensichtlich schwerwiegendes, eindeutig bei ihm liegendes Fehlverhalten gegen den Verpflichteten zur Last fällt.
Dem Unterhaltsberechtigten muss ein Verhalten vorwerfbar sein, dass auch aus der Sicht eines außenstehenden Betrachters so ehewidrig ist, dass eine Zahlung von Unterhalt „unerträglich" erscheint. Unter die Nr. 7 ist in erster Linie die Verletzung der ehelichen Treuepflicht zu fassen. Dabei ist jedoch ein einmaliges Fehlverhalten nach der Auffassung der Rechtsprechung nicht ausreichend, um den Unterhaltsanspruch komplett zu versagen. Vielmehr müssen weitere Gründe hinzutreten, die das Verhalten des Unterhaltsberechtigten als besonders verwerflich erscheinen lassen.
Sofern also der Unterhaltsverpflichtete auf Unterhaltszahlungen in Anspruch genommen wird, obgleich der Ehepartner „fremdgegangen" ist, sollte das Vorliegen einer Verwirkung des Unterhalts mit dem Anwalt erörtert werden.

(8) Paragraph 1579 Nr. 8 BGB ist eine Art Auffangtatbestand. Der Unterhaltsanspruch ist auch dann zu versagen oder herabzusetzen, wenn ein Grund vorliegt, der zwar nicht unter den Ziffern 1 bis 7 aufgeführt ist, aber ebenso schwer wiegt.

XII. Unterhaltsvereinbarungen

▸ Welche Möglichkeiten gibt es, sich außergerichtlich über den Unterhaltsanspruch zu einigen?

Der Gesetzgeber hat vorgeschrieben, dass Unterhalt grundsätzlich durch Zahlung einer Geldrente, monatlich und im Voraus zu leisten ist.

Daneben ist es jedoch möglich, den Unterhaltsanspruch durch eine so genannte Kapitalabfindung zu erfüllen. Diese Einzelheiten und vor allem auch die Frage, ob eine Kapitalabfindung in der jeweiligen wirtschaftlichen und privaten Situation des Unterhaltsberechtigten sachgerecht ist, müssen der anwaltlichen Beratung vorbehalten bleiben. In der Abfindung des Unterhaltsanspruchs durch eine Abfindung ist regelmäßig ein Verzicht auf weitere Zahlungen enthalten. Hier ist besondere Vorsicht geboten.

Die Eheleute können also sowohl über die Zahlung einer monatlichen Geldrente als auch über die Zahlung einer Kapitalabfindung eine Unterhaltsvereinbarung treffen.

▸ Was gilt es dabei ferner zu beachten?

Dabei ist besonders zu beachten, dass seit der Reform des Unterhaltsrechts im Januar 2008 Vereinbarungen über den nachehelichen Unterhalt vor der Scheidung nicht mehr privatschriftlich oder mündlich geschlossen werden können.

Vereinbarungen über den nachehelichen Unterhalt bedürfen zu ihrer Wirksamkeit jetzt der notariellen Beurkundung (§ 1585c BGB). Ferner können die Eheleute im Wege der gerichtlichen Protokollierung in einem Verfahren in Ehesachen eine wirksame Vereinbarung über den nachehelichen Unterhalt treffen. Hierfür müssen beide Ehegatten anwaltlich vertreten sein.

Unterhaltsvereinbarungen, die vor dem 1. 1. 2008 formfrei über den nachehelichen Unterhalt geschlossen wurden, bleiben wirksam. Die geänderte Fassung des § 1585c BGB findet erst ab Januar 2008 Anwendung.

Die Eheleute können sich formfrei über nachehelichen Unterhalt einigen, soweit diese Vereinbarung erst nach Rechtskraft der Scheidung geschlossen wird.

▸ Gelten diese Anforderungen auch für den Trennungsunterhalt?

Vereinbarungen über den Trennungsunterhalt bedürfen zu ihrer Wirksamkeit nicht der notariellen Beurkundung. In diesem Zusammenhang ist jedoch zu beachten, dass eine Durchsetzung des Unterhaltsanspruchs nur dann möglich ist, wenn der Unterhalt tituliert ist. Das heißt, wenn eine notarielle Urkunde, ein Schuldanerkenntnis, ein gerichtliches Urteil oder ein vor dem Gericht geschlossener Vergleich vorliegt. Diese Titel können für vollstreckbar erklärt werden. Der Unterhaltsberechtigte muss dann für den Fall, dass nicht gezahlt wird, nicht erst einen Unterhaltsprozess führen, sondern kann direkt mit der Zwangsvollstreckung beginnen.

XIII. Durchsetzung der Unterhaltsansprüche

Soweit eine Vereinbarung über den Kindesunterhalt, den Trennungsunterhalt oder auch dem nachehelichen Unterhalt zwischen den Eheleute nicht möglich ist, bleibt zunächst die Geltendmachung über die anwaltliche Korrespondenz. Sollte auch hier eine Einigung nicht erzielt werden, bleibt nur der Weg zum Familiengericht.

1. Der Auskunftsanspruch

Grundsätzlich sind beide Ehegatten wechselseitig verpflichtet, eine vollständige Auskunft über ihr Einkommen und ihr Vermögen zu erteilen.

Dieser Auskunftsanspruch muss konkret geltend gemacht werden.

Grundsätzlich ist Auskunft über alle Einkommensarten zu erteilen.

Eine ordentliche Auskunft setzt voraus, dass der Erklärende in einer übersichtlichen und geschlossenen Aufstellung seine Einkünfte niederschreibt und diese Erklärung unterzeichnet. Daneben besteht die Verpflichtung, die Höhe der Einkünfte durch Vorlage der geeigneten Unterlagen nachzuweisen.

Ein Auskunftsverlangen wird beispielsweise wie folgt formuliert:

Sehr geehrter Herr ...

Ihre Ehefrau hat mich aus Anlass der Trennung mit der Wahrnehmung ihrer Interessen beauftragt. Kopie der Vollmacht anbei.

Aus meiner Sicht ist vorrangig Ihre Unterhaltsverpflichtung zu prüfen.

Zur Berechnung des von Ihnen zu zahlenden Kindes- und Trennungsunterhaltes bitte ich Sie, Auskunft über Ihr Einkommen, einschließlich aller Nebeneinkünfte der vergangenen zwölf Monate zu erteilen.

Die Auskunft muss insbesondere eine Erklärung beinhalten über:

1. Ihre Einkünfte aus der abhängigen Beschäftigung der letzen zwölf Monate, nämlich für den Zeitraum vom ...2007–...2008 (Vorlage der Lohn-

und Gehaltsabrechnungen des Arbeitgebers einschließlich sämtlicher in Betracht kommender Zuwendungen, etwa Weihnachtsgeld, Urlaubsgeld, Spesen, Prämien, den letzten aktuellen Einkommensteuerbescheid),
2. Rente, auch Unfallrenten und Berufsunfähigkeitsrenten,
3. Ihre Ansprüche aus Steuerrückzahlungen gegen das Finanzamt,
4. Ihre Einkünfte aus Kapitalvermögen,
5. Ihre Einkünfte aus Vermietung und Verpachtung,
6. Ihre Einkünfte aus Zinserträgen,
7. Ihre Einkünfte aus selbständiger Tätigkeit (Bilanzen und Gewinn- und Verlustrechnungen der Jahre 2005, 2006 und 2007; Einnahmeüberschussrechnungen der Jahre 2005, 2006 und 2007
8. Einnahmen aus sonstigen Nebentätigkeiten,
9. alle sonstigen Einnahmen.

Die Auskunft ist schriftlich und in Form einer übersichtlichen und geordneten Zusammenstellung aller Einkünfte zu erklären. Ferner darf ich Sie bitten, die Auskunft zu unterzeichnen und alle relevanten Unterlagen und Belege beizufügen .

Dies sind im Einzelnen:

1. Die abgegebene Einkommensteuererklärung für das Jahr 2007 mit allen amtlichen Anlagen (z.B. Anlagen N. KAP, SO, GSE, V je soweit betroffen) und alle dazugehörigen Steuerbescheide samt eventueller Berichtigungsbescheide

Zum Einkommen aus nicht selbständiger Arbeit für den oben angegebenen Zwölfmonatszeitraum

a) Detaillierte Lohn-, Gehalts- oder Bezügeabrechnungen
b) Abrechnungen über Spesen und andere Nebenleistungen
c) Soweit betroffen, Provisionsabrechnungen.

2. Zum Renteneinkommen für den gleichen Zeitraum

a) Die Rentenbescheide oder Bewilligungsschreiben
b) Die letzte Rentenanpassungsmitteilung
c) Rentenabrechnungen unter Einbeziehung von Zuschüssen und Abzügen für die Kranken- und Pflegeversicherung.

3. Zum Einkommen aus Kapital für den Dreijahreszeitraum 2005–2007

a) Abrechnungen, Gutschriften und Ausschüttungsbescheinigungen über den Kapitalertrag, speziell Zinsen, Dividenden, Ausschüttungen aus GmbHs
b) Abrechnungen über einbehaltene inländische und ausländische Steuern
c) Bei Beteiligung an einer GmbH, auch in mittelbarer Form, die vollständigen Gewinnermittlungen sowie die Eigenkapitalkonten der Gesellschaft.

4. Zum Einkommen aus Vermietung und Verpachtung für den gleichen Zeitraum

a) Spezifizierte Abrechnungen oder Journale über alle Einnahmen und Ausgaben
b) Die Anlagen V zu den Einkommensteuererklärungen oder Gemeinschaftserklärungen
c) Beim Finanzamt eingereichte Anlagen, Übersichten und Erläuterungen zu den Anlagen V.

5. Zum Einkommen aus selbständiger Arbeit für den gleichen Zeitraum

a) Vollständige Gewinnermittlungen einschließlich detaillierter Verzeichnisse über das betriebliche Anlagevermögen und dessen steuerliche Abschreibung
b) Bei Gesellschaften oder Mitunternehmerschaften die steuerlichen Gewinnererklärungen mit allen Anlagen
c) Etwa vorliegende Berichte über steuerliche Außenprüfungen, die im Auskunftszeitraum ergangen sind oder diesen betreffen
d) Soweit betroffen, die Umsatzsteuervoranmeldungen sowie die Umsatzsteuererklärungen und Steuerbescheide dazu.

6. Belege und Nachweise zu allen sonstige Einnahmen und Nebeneinkünften.

Ich erwarte Ihre Auskunft nebst Belegen bis spätestens

... 2008 (eingehend in meiner Kanzlei).

Nach Eingang Ihrer Auskunft werde ich eine Berechnung der Unterhaltsansprüche der gemeinsamen minderjährigen Kinder und meiner Mandantin vornehmen. Den Unterhalt schulden Sie dann ab dem ... 2008.

Bis zur endgültigen Berechnung wollen Sie bitte zu Händen Ihrer Ehefrau einen monatlichen Kindesunterhalt in Höhe von 348 € und einen vorläufigen Trennungsunterhalt in Höhe von 1000 € zahlen, beginnend ab dem ... 2008.

Weiterhin fordere ich Sie auf, binnen der vorgenannten Frist über den Bestand Ihres Vermögens zu informieren und auch insoweit eine geordnete Aufstellung vorzulegen.

Mit freundlichen Grüßen
Rechtsanwältin

▸ Was geschieht, wenn der Unterhaltsverpflichtete auf ein solches Schreiben nicht reagiert?

Dieser Auskunftsanspruch kann gerichtlich geltend gemacht werden, sofern die Auskunft nicht freiwillig erteilt wird. Regelmäßig wird dies in Form einer Stufenklage geschehen, mit der erst Auskunft verlangt wird und in einer weiteren Stufe dann die Bezifferung des Unterhalts erfolgt.

▶ Welche Möglichkeiten bestehen, wenn die Auskunft offensichtlich falsch ist?

Liegt die Auskunft vor, bestehen aber begründete Zweifel an der Richtigkeit, kann der Berechtigte verlangen, dass die in der Auskunft gemachten Angaben an Eides statt versichert werden. Die Abgabe einer falschen eidesstattlichen Versicherung ist strafbar. Hierauf sollte der Auskunftsverpflichtete mit Nachdruck hingewiesen werden. Selbstverständlich kann auch der Unterhaltsberechtigte den Nachweis für Einkünfte führen, wenn er deren Existenz kennt, der Auskunftsverpflichtete diese aber verschweigt.

▶ Wie oft kann eine Auskunft verlangt werden?

Grundsätzlich alle zwei Jahre, es sei denn, es liegen Kenntnisse vor, dass sich das Einkommen des Unterhaltsverpflichteten verändert hat.

2. Der Zahlungsanspruch

▶ Wie geht es nach der Auskunft weiter?

Nach der Auskunftserteilung erfolgt die Bezifferung des Unterhaltsanspruchs. Die konkrete Höhe wird schriftlich mitgeteilt und „geltend gemacht".

Wird der Unterhaltsanspruch freiwillig nicht befriedigt, bleibt der Weg einer so genannten Unterhaltsklage. Soweit es sich um Trennungsunterhalt handelt, ist dieser Unterhaltsanspruch getrennt geltend zu machen. Der nacheheliche Unterhaltsanspruch kann als so genannte Folgesache in den Scheidungsverbund eingeführt werden. Dies hat zur Konsequenz, dass sich die Scheidung nicht unerheblich verzögert und in der Regel die Ehe erst dann geschieden wird, wenn die Folgesache Unterhalt geklärt ist.

XIV. Der Unterhaltsanspruch der Eltern

▶ Unterhaltsansprüche der Eltern gegen das Kind

Verwandte in gerade Linie sind gemäß § 1601 BGB zum Unterhalt verpflichtet. Das bedeutet, dass nicht nur die Kinder einen Unterhaltsanspruch gegen die Eltern haben, sondern auch die Eltern gegenüber den Kindern. Dabei ist jedoch zu berücksichtigen, dass der Anspruch der Eltern gegen das Kind im Rang allen anderen Ansprüchen nachgeht.

1. Die Unterhaltsverpflichtung der Kinder

▶ Unter welchen Voraussetzungen schulden Kinder ihren Eltern Unterhalt?

Auch bei diesem Anspruch beginnt die Prüfung mit der Frage der Bedürftigkeit der Eltern und der Leistungsfähigkeit des Kindes. Elternunterhalt kommt in der Regel dann in Betracht, wenn Pflegebedürftigkeit eingetreten ist und eine Heimunterbringung der Eltern oder des Elternteils erforderlich ist. Die damit verbundenen hohen Kosten können oftmals aus den vorhandenen Renteneinkünften der Eltern nicht bedient werden. Sofern kein Vermögen vorhanden ist, tritt zunächst der Sozialhilfeträger ein und übernimmt die Kosten. Dieser wiederum nimmt seinerseits Rückgriff bei den vorhandenen Verwandten des Elternteils. Vorrangig haftet der Ehegatte, selbst dann noch wenn die Ehe geschieden wurde. Ist der Ehegatte vorverstorben oder auch nicht leistungsfähig geht der Rückgriff zu den Kindern. Man spricht in diesem Zusammenhang von einer so genannten Ersatzhaftung.

▶ Wie hoch ist der Unterhaltsanspruch?

Der Unterhaltsbedarf der Eltern richtet sich nach deren Lebensstellung.

Bei einer Unterbringung in einem Alters- oder Pflegeheim wird der Bedarf regelmäßig die Differenz zwischen den eigenen Einkünften aus Rente und Altersversorgung und den Kosten der Heimunterbringung betreffen. Hinzu kommt der Bedarf für ein Taschengeld oder auch Zuzahlungen von Medikamenten.

Eltern haben in diesem Falle einen Taschengeldanspruch in Höhe von circa 5% des Eigeneinkommens, also der Rente oder Pension. Mindestens sind dies aber 100 € im Monat.

▸ Was gilt, wenn mehrere Kinder vorhanden sind?

Grundsätzlich sind alle Kinder in gleichem Maße zum Unterhalt verpflichtet. Sie haften jedoch jeweils anteilig unter Berücksichtigung ihres eigenen bereinigten Nettoeinkommens und der vorhandenen familiären Situation.

▸ Gehen die eigenen Kinder und der Ehegatte den Eltern vor?

Ja, denn bei den Unterhaltsansprüchen der Eltern sind wegen der sogenannten Rangfolge insbesondere vorrangige Unterhaltsverpflichtungen des Kindes gegenüber den eigenen Abkömmlingen und dem Ehegatten zu berücksichtigen.

Das Kind hat gegenüber seinen Eltern einen monatlichen Selbstbehalt in Höhe von 1400 €. Zusätzlich bleibt ihm die Hälfte der Differenz zwischen Selbstbehalt und bereinigtem Einkommen anrechnungsfrei (s. Beispiel bei dem Thema Selbstbehalt).

2. Einsatz des Vermögens

▸ Wird das Vermögen der Eltern vorrangig verwertet?

Bevor eine Unterhaltsverpflichtung des Kindes eintritt, ist zunächst das vorhandene Vermögen der Eltern zu verwerten. Nicht angetastet wird dabei ein so genanntes Schonvermögen (ab 60 Jahren 2600 €). Bei der Prüfung, ob relevantes Vermögen vorhanden ist, werden auch die Vermögenswerte einbezogen, die Eltern in den vergangenen zehn Jahren verschenkt oder übertragen haben.

Gegebenenfalls ist die Schenkung zu widerrufen, wenn Eltern jetzt in finanzielle Not geraten.

▸ Müssen Kinder für den Elternunterhalt ihr Vermögen verbrauchen?

Auch das unterhaltspflichtige Kind muss grundsätzlich sein vorhandenes Vermögen einsetzen, wenn das laufende Einkommen nicht ausreicht, um den Unterhaltsanspruch der Eltern abzudecken. Insoweit besteht jedoch keine Verpflichtung, den Vermögensstamm einzusetzen, wenn dieser dem Unterhalt und der Absicherung der eigenen Familie dient.

▸ Haften auch die Schwiegerkinder für den Unterhalt?

Der Ehegatte des unterhaltsverpflichteten Kindes, also die Schwiegertochter oder der Schwiegersohn können direkt zum Unterhalt nicht verpflichtet werden. Die Höhe des Einkommens des Ehegatten ist jedoch deshalb zu erklären und von Bedeutung, um zu prüfen, ob das unterhaltsverpflichtete Kind dem Ehegatten Unterhalt zu leisten hat oder dieser selbst in der Lage ist für seinen eigenen Unterhalt zu sorgen. Schwiegerkinder sind oftmals irritiert, wenn in den Fragebögen des Sozialhilfeträgers nach deren Einkommen gefragt wird. Nicht selten wird eine direkte Haftung für den Unterhalt der Schwiegereltern befürchtet. Grund ist jedoch nur die Überprüfung der Leistungsfähigkeit des eigenen Kindes.

XV. Der Unterhaltsanspruch des nichtehelichen Elternteils

▶ Wann bestehen Unterhaltsansprüche?

Durch das Gesetz zur Änderung des Unterhaltsrechts vom 1. 1. 2008 hat eine Anpassung der Unterhaltsansprüche wegen Kindesbetreuung für den verheirateten und den nichtverheirateten Elternteil stattgefunden.

Dabei ist klargestellt worden, dass für die ersten drei Lebensjahre des Kindes grundsätzlich ein Unterhaltsanspruch im Falle der Bedürftigkeit besteht, ungeachtet dessen, ob Eltern geschieden sind oder niemals verheiratet waren. § 1615 l BGB regelt dies (auszugsweise) wie folgt:

§ 1615 BGB Unterhaltsanspruch von Mutter und Vater aus Anlass der Geburt. Abs. 2 S. 3 Die Unterhaltspflicht beginnt frühestens vier Monate vor der Geburt und besteht mindestens drei Jahre nach der Geburt. Sie verlängert sich, solang und soweit dies der Billigkeit entspricht. Dabei sind insbesondere die Belange des Kindes und bestehende Möglichkeit der Kinderbetreuung zu berücksichtigen.

Das heißt, dass ein Unterhaltsanspruch ab dem dritten Lebensjahr des Kindes nach Billigkeit verlängert werden kann. Den Belangen des Kindes und den Möglichkeiten einer Kinderbetreuung kommt auch insoweit eine entscheidende Bedeutung zu. Dies wurde bereits bei dem nachehelichen Betreuungsunterhalt gemäß § 1570 BGB ausführlich dargestellt.

Neben den Kindesbelangen kann auch bei nicht verheirateten Eltern in deren Person ein Grund zur Verlängerung des Unterhaltsanspruchs liegen. Dabei wird beispielsweise berücksichtigt, wenn Eltern über viele Jahre in einer nichtehelichen Lebensgemeinschaft verbunden waren, Kinder geplant haben und ein Elternteil sich durch Aufgabe der Erwerbstätigkeit der Betreuung der Kinder gewidmet hat. Insgesamt ist auf die Ausführungen bei den nachehelichen Unterhaltsansprüche und dort zum Betreuungsunterhalt zu verweisen.

XVI. Beratungsbedarf nach Inkrafttreten des Gesetzes zur Änderung des Unterhaltsrechts

Nach Inkrafttreten des neuen Rechts besteht aufgrund der vorhandenen Übergangsvorschriften eine einmalige Möglichkeit zur Abänderung vorhandener Unterhaltstitel. Aus diesem Grund muss uneingeschränkt eine anwaltliche Beratung empfohlen werden.

Der Unterhaltspflichtige hat die Möglichkeit eine Abänderungsklage zu erheben, soweit der vorhandene Unterhaltstitel nicht mehr dem geltenden Recht entspricht. Insoweit ist jedoch zu beachten, dass eine Ermäßigung des Unterhaltsbetrages erst ab Zustellung der Abänderungsklage in Kraft tritt. Aus diesem Grund sollte die Prüfung so schnell wie möglich erfolgen.

Bei dem Unterhaltsberechtigten gilt nicht die Zeitsperre des § 323 Abs. 3 ZPO. Hier reicht ein Erhöhungsverlangen aus, um die Rechte zu wahren. Allerdings ist auch dies zügig auszusprechen.

Anhang

1. Checklisten

Checkliste 1

Die nachstehende Liste bietet eine Unterstützung bei der Zusammenstellung der monatlichen Belastungen und Ausgaben. Nicht jede Position ist in jeder Unterhaltssache gleichermaßen abzugsfähig, da es sich stets um eine individuelle Beurteilung handelt. Ihr Anwalt/Ihre Anwältin wird die relevanten Beträge auswählen und berücksichtigen (bitte stets den monatlichen Betrag angeben).

Abschreibungen	
Altersversorgung	
Anwaltskosten	
Arbeitsmittel	
auswärtige Tätigkeit	
Autohaftpflichtversicherung	
Bausparverträge	
berufsbedingte Aufwendungen	
Berufs- u. Erwerbsunfähigkeitsversicherung	
Berufsverbände, Beiträge	
Diätkosten	
Fahrtkosten	
Fortbildungskosten	
Gebäudeabschreibungen	
Geldbußen	

Gerichtskosten	
Gesundheit, Aufwendungen	
Gewerbesteuer	
Gewerkschaftsbeiträge	
Grundstücksbelastungen	
Hauskosten	
Haftpflichtversicherung	
Haushaltshilfe	
Hausrat, Anschaffungen	
Heilkuren	
Heizkosten	
Hypothekenzinsen	
Kinderbetreuungskosten	
Kindergarten	
Kindesunterhalt	
Kirchensteuer	
Krankenversicherungskosten	
krankheitsbedingter Mehrbedarf	
Kreditverbindlichkeiten	
Lebensversicherung	
Lohnsteuer	
Mehraufwendungen, trennungsbedingte Miete	
Nachhilfeunterricht	
Pauschalabzüge	
Pflichtversicherungsbeiträge	
Pkw-Kosten	
Prämien	
privatärztliche Behandlungskosten	

Prozesskostenvorschuss	
psychische Erkrankungen	
Ratenzahlungsverpflichtungen	
Reisekosten	
Rentenversicherung	
Reparaturkosten	
Repräsentationskosten	
Rücklagenbildung	
Schulden	
Steuerbelastung	
Steuerberatungskosten	
Steuerschulden	
Umgangsrecht (Kosten)	
Umzugskosten	
Unfallversicherung	
Unterhaltsleistungen	
Vermietung und Verpachtung (Aufwendungen)	
Vermögenseinkünfte (Abzugskosten)	
Vermögensbildung (vermögenswirksame Leistungen)	
Verbindlichkeiten	
Vereinsbeiträge	
Versicherungen	
Vorsorgeaufwendungen	
Werbegeschenke	
Werbungskosten	
Wohnkosten	
Zahnersatz	

Zinsen	
Zugewinnausgleichszahlungen	
Zusatzversicherung	
Zweitausbildungskosten	
Zweithaushalt	

Checkliste 2

Bei einer konkreten Bedarfsermittlung müssen Sie als Berechtigte alle zur Aufrechterhaltung benötigten Kosten darlegen. Diese sind **beispielsweise** (bitte die monatlichen Beträge angeben):

	Betrag pro Monat
Auto (Versicherung, Steuer, Unterhaltung)	
Darlehensverpflichtungen	
Einladungen und Geschenke	
Friseur	
Handwerker	
Haushaltsgeld	
Haushaltshilfe/Personal	
Hauskosten	
Hobbys	
Kleidung/Schuhe	
Kosmetik	
Kosten für Tiere	
Kultur	
Lebensmittel	
medizinische Hilfsmittel (Brille etc)	
Miete mit Nebenkosten/Wohnbedarf	

	Betrag pro Monat
Reinigung	
Restaurant	
Sauna/Schwimmbad	
Strom Wasser Müll Grundsteuer	
Telefon Telefax Internet	
Urlaub	
Versicherungen	
Vorsorgeaufwendungen	
Zeitungen/Abonnements	
sonstiges (weitere Ausgaben, die in den vorgenannten Positionen nicht berücksichtigt sind)	

Checkliste 3

Folgende Unterlagen sollten Sie für Ihren ersten Anwaltsbesuch zusammenstellen

- ☐ Eigene Gehaltsabrechungen der letzten zwölf Monate
- ☐ Gehaltsabrechnungen des Ehepartners von den letzten zwölf Monaten
- ☐ Bilanzen der letzten drei Jahre
- ☐ Einnahme- Überschussrechnungen der letzten drei Jahre
- ☐ Aktuelle BWA
- ☐ Aktuellster Einkommensteuerbescheid
- ☐ Einkommensteuerbescheide der letzten drei Jahre
- ☐ Einkünfte aus Vermietung und Verpachtung (Mietverträge)
- ☐ Einkünfte aus Kapitalvermögen (Zinsbescheinigungen)

- ☐ Mietvertrag
- ☐ Darlehensverträge
- ☐ Kaufvertrag Immobilie
- ☐ Grundbuchauszug
- ☐ Schätzung Immobilie
- ☐ Gesellschaftsvertrag
- ☐ Bausparvertrag (Mitteilung Jahresende)
- ☐ Lebensversicherung (Mitteilung Jahresende)
- ☐ Berufsbedingte Aufwendungen (Fahrtkosten/Dienstreisen/Fachliteratur/Berufsverbände)
- ☐ Testament/Erbvertrag
- ☐ Ehevertrag
- ☐ Urkunde Jugendamt
- ☐ Heiratsurkunde im Original
- ☐ Geburtsurkunden Kinder im Original

Checkliste 4

Muster für eine Unterhaltsberechnung

Es gelten jeweils die monatlichen Beträge

1. Durchschnittliches Nettoeinkommen der letzten 12 Monate ______
2. Geldwerter Vorteil durch Sachleistungen des Arbeitgebers ______
3. Spesen und Erstattungen ______
4. Durchschnittlicher Gewinn der letzten 3 Jahre aus selbständiger Tätigkeit ______
5. Zinseinkünfte/Dividenden/Ausschüttungen ______
6. Mieteinnahmen ______
7. Wohnen im eigenen Haus/in der eigenen Wohnung ______
8. Steuererstattungen ______

Summe der Einkünfte ______

Abzugspositionen:

1. Krankenversicherung, sofern nicht bei Nr. 1 berücksichtigt ______
2. Monatliche Zins- und Tilgungsleistungen für die Immobilie ______

3. Sonstige Darlehensverpflichtungen ______
______
______
______
______

4. Zusätzliche Altersversorgung (Lebensversicherung, Riesterrente, Rentenversicherungen) ______
______
______
______
______

5. Vermögensbildung ______
______
______
______

6. Sonstige Versicherungen ______
______
______
______

7. Grundbesitzabgaben ______
8. Sonstige Vereins- oder Mitgliedsbeiträge ______
9. Beiträge zur Berufsverbänden ______
10. Berufsbedingte Aufwendungen (konkret oder 5% pauschal) ______
11. Steuernachzahlungen ______
12. Kinderbetreuungskosten ______

Summe der Ausgaben ______

Saldo ______

Abzüglich Kindesunterhalt gem. der Düsseldorfer Tabelle ______

Einkommen des Ehepartners

1. Durchschnittliches Nettoeinkommen der letzten 12 Monate ______
2. Geldwerter Vorteil durch Sachleistungen des Arbeitgebers ______
3. Spesen und Erstattungen ______
4. Durchschnittlicher Gewinn der letzten 3 Jahre aus selbständiger Tätigkeit ______

5. Zinseinkünfte/Dividenden/Ausschüttungen ______
6. Mieteinnahmen ______
7. Wohnen im eigenen Haus/in der eigenen Wohnung ______
8. Steuererstattungen ______

Summe der Einkünfte ______

Abzugspositionen:

1. Krankenversicherung, sofern nicht bei Nr. 1 berücksichtigt ______
2. Monatliche Zins- und Tilgungsleistungen für die Immobilie ______
3. Sonstige Darlehensverpflichtungen ______
______
______
______
______
4. Zusätzliche Altersversorgung (Lebensversicherung, Riesterrente, Rentenversicherungen) ______
______
______
______
______
5. Vermögensbildung ______
______
______
______
6. Sonstige Versicherungen ______
______
______
______
7. Grundbesitzabgaben ______
8. Sonstige Vereins- oder Mitgliedsbeiträge ______
9. Beiträge zur Berufsverbänden ______
10. Berufsbedingte Aufwendungen (konkret oder 5% pauschal) ______
11. Steuernachzahlungen ______
12. Kinderbetreuungskosten ______

Die Einkünfte sind um den Erwerbstätigenbonus gemäß den Leitlinien des jeweiligen Oberlandesgerichts zu bereinigen.

Unterhaltsrelevantes Einkommen Ehemann	______
Unterhaltsrelevantes Einkommen Ehefrau	______
Differenz	______
Hiervon ½ = Unterhaltsanspruch	

2. Leitlinien

Die nachstehenden Leitlinien der verschiedenen Oberlandesgerichte sind nur auszugsweise dargestellt. Insbesondere wurde auf die Rechtsprechungszitate verzichtet. Ferner sind nur die für den Laien relevanten Punkte enthalten.

Es gelten jeweils die Unterhaltsgrundsätze „Ihres" Oberlandesgerichtes. Das orientiert sich zunächst an dem Bundesland in dem Sie leben. Gibt es in einem Bundesland mehrere Oberlandesgerichte, so ist dasjenige zuständig, das dem in Ihrer Sache zuständigen Familiengericht übergeordnet ist. Teilweise haben auch mehrere Oberlandesgerichte gemeinsame Leitlinien. Eine Übersicht aller Oberlandesgerichte in Deutschland finden Sie unter www.deutschejustiz.de/dj_olg.html.

Nachstehend finden Sie die Leitlinien

- des OLG Frankfurt am Main und
- die Leitlinien der Familiensenate in Süddeutschland (OLG Bamberg, Karlsruhe, München, Nürnberg, Stuttgart und Zweibrücken) sowie
- des OLG Köln.

Die Familiensenate des OLG Frankfurt am Main haben auf ihrer Homepage dankenswerterweise die Leitlinien aller Oberlandesgericht zusammengestellt. Sie finden diese unter www.olgfamsen.de und dort unter dem Punkt „Arbeitspapier".

Alle Oberlandesgerichte haben sich darauf verständigt, das gleiche Inhaltsverzeichnis zu verwenden. Ein und das gleiche Thema ist daher immer unter der identischen Ziffer in den einzelnen Leitlinien zu finden. Wenn Sie also wissen möchten, wie Ihr OLG beispielsweise den Wohnvorteil bewertet, so finden Sie dies immer unter dem Punkt 5.

Dies ist das Inhaltsverzeichnis **aller** Leitlinien:

Unterhaltsgrundsätze des OLG Frankfurt am Main (auszugsweise)

Unterhaltsrechtlich maßgebendes Einkommen

1. Geldeinnahmen

1.1 Regelmäßiges Bruttoeinkommen einschließlich Renten und Pensionen

Auszugehen ist vom Bruttoeinkommen als Summe aller Einkünfte, regelmäßig bezogen auf das Kalenderjahr.

1.2 Unregelmäßige Einkommen (z. B. Abfindungen etc.)

Soweit Leistungen nicht monatlich anfallen (z. B. Weihnachts- und Urlaubsgeld), werden sie auf ein Jahr umgelegt. Einmalige Zahlungen (z. B. Abfindungen) sind auf einen angemessenen Zeitraum (in der Regel mehrere Jahre) zu verteilen.

1.3 Überstunden

Überstundenvergütungen werden voll angerechnet, soweit sie berufstypisch sind oder in geringem Umfang anfallen oder der Mindestbedarf der

Kinder nicht gedeckt ist. Im Übrigen ist der Anrechnungsteil nach Zumutbarkeit zu ermitteln. Die Weiterführung überobligationsmäßiger Überstundenleistungen kann regelmäßig nicht verlangt werden. Dies gilt entsprechend auch für Nebentätigkeiten. Zur Obliegenheit einer Nebentätigkeit zur Deckung des Mindestbedarfs minderjähriger Kinder vgl. BVerfG FamRZ 2003, 661.

1.4 Spesen und Auslösungen

Über die Anrechenbarkeit von Spesen und Auslösungen ist nach Maßgabe des Einzelfalls zu entscheiden. Als Anhaltspunkt kann eine anzurechnende häusliche Ersparnis (also nicht für reine Übernachtungskosten oder Fahrtkosten bis zu der in Nr. 10.2.2 definierten Höhe) von einem Drittel in Betracht kommen.

1.5 Einkommen aus selbstständiger Tätigkeit

Bei Einkünften aus selbstständiger Tätigkeit oder aus Gewerbebetrieb wird regelmäßig an den Gewinn (§ 4 Abs. 1, Abs. 3 EStG) aus einem zeitnahen Dreijahreszeitraum angeknüpft. Mit der Vorlage der ESt-Bescheide und der entsprechenden Bilanzen mit G+V-Rechnung oder den Einnahme/Überschuss-Rechnungen wird der besonderen Darlegungslast in der Regel genügt. Auf substanziierten Einwand sind gegebenenfalls weitere Erläuterungen vorzunehmen oder Belege vorzulegen. Zu Ansparabschreibungen und zur Beachtung von Besonderheiten der Einkommensentwicklung siehe BGH FamRZ 2004, 1177–1179.

1.6 Einkommen aus Vermietung und Verpachtung sowie Kapitalvermögen

Einkommen aus Vermietung und Verpachtung sowie Kapitalvermögen ist der Überschuss der Bruttoeinkünfte über die Werbungskosten und notwendige Instandhaltungsrücklagen. Für Wohngebäude ist keine AfA anzusetzen; im Einzelfall kommt stattdessen die Berücksichtigung angemessener Tilgungsleistungen in Betracht.

1.7 Steuererstattungen

Steuererstattungen sind in der Regel im Kalenderjahr der tatsächlichen Leistung zu berücksichtigen. Steuervorteile, die auf unterhaltsrechtlich nicht zu berücksichtigenden Aufwendungen beruhen, bleiben außer Betracht.

1.8 Sonstige Einnahmen sind z. B. Trinkgelder.

2. Sozialleistungen

2.1 Arbeitslosengeld (§ 117 SGB III) und Krankengeld

Vgl. dazu Nr. 1.1 Abs. 2.

2.2 Leistungen nach dem SGB II

Leistungen zur Sicherung des Lebensunterhalts nach § 19f SGB II sind kein Einkommen, es sei denn die Nichtberücksichtigung der Leistungen ist in Ausnahmefällen treuwidrig; nicht subsidiäre Leistungen nach dem SGB II sind Einkommen, insbesondere befristete Zuschläge (§ 24 SGB II), Einstiegsgeld (§ 29 SGB II), Entschädigung für Mehraufwendungen „1 Eurojob“ (§ 16 Abs. 3 SGB II).

2.3 Wohngeld,

soweit es nicht erhöhte Wohnkosten deckt.

2.4 BaföG-Leistungen,

auch soweit sie als Darlehen gewährt werden, mit Ausnahme von Vorausleistungen nach §§ 36, 37 BAföG.

2.5 Erziehungs- und Elterngeld

Elterngeld ist, soweit es über den Sockelbetrag i. H. v. 300 €, bei verlängertem Bezug über 150 €, hinausgeht, Einkommen. Der Sockelbetrag des Elterngeldes und das Bundeserziehungsgeld sind kein Einkommen, es sei denn, es liegt einer der Ausnahmefälle der §§ 11 Satz 4 BEEG, 9 Satz 2 BErzG vor.

2.6 Unfall- und Versorgungsrenten

(z. B. nach dem Bundesversorgungsgesetz) nach Maßgabe des § 1610a BGB.

2.7 Leistungen aus der Pflegeversicherung, Blindengeld und Ähnliches

Leistungen aus der Pflegeversicherung an den Pflegling, Blindengeld, Schwerbeschädigten- und Pflegezulagen jeweils nach Maßgabe der §§ 1610a, 1578a BGB.

2.8 Pflegegeld

Der Anteil des Pflegegeldes bei der Pflegeperson, durch den ihre Bemühungen abgegolten werden; bei Pflegegeld aus der Pflegeversicherung gilt dies nach Maßgabe des § 13 Abs. 6 SGB XI.

2.9 Grundsicherungsleistungen

Die Leistungen gemäß §§ 41–43 SGB XII sind beim Berechtigten im Rahmen von Verwandtenunterhaltsansprüchen in der Regel als Einkommen zu berücksichtigen.

Im Rahmen von Ehegattenunterhaltsansprüchen sind sie im Regelfall nicht als Einkommen zu bewerten.

2.10 Sonstige Leistungen nach dem SGB XII und

2.11 Leistungen nach dem Unterhaltsvorschussgesetz

Diese Leistungen sind nicht als Einkommen zu bewerten. Die Unterhaltsforderung eines Empfängers dieser Leistungen kann in Ausnahmefällen treuwidrig sein

Leistungen nach den Vermögensbildungsgesetzen beeinflussen das Einkommen nicht, d. h. der vermögenswirksame Anlagebetrag mindert das Einkommen nicht; andererseits erhöhen vermögenswirksame Beiträge des Arbeitgebers und die Sparzulage nicht das Einkommen.

3. Kindergeld

Kindergeld wird nicht zum Einkommen der Eltern gerechnet (vgl. Nr. 14).

4. Geldwerte Zuwendungen des Arbeitgebers

Geldwerte Zuwendungen aller Art des Arbeitgebers, z.B. Firmenwagen oder freie Kost und Logis, sind Einkommen, soweit sie entsprechende Eigenaufwendungen ersparen.

5. Wohnwert

Der Wohnvorteil durch mietfreies Wohnen im eigenen Heim ist als wirtschaftliche Nutzung des Vermögens unterhaltsrechtlich wie Einkommen zu behandeln. Neben dem Wohnwert sind auch Zahlungen nach dem Eigenheimzulagengesetz anzusetzen. Ein Wohnvorteil liegt nur vor, soweit der Wohnwert den berücksichtigungsfähigen Schuldendienst, erforderliche Instandhaltungskosten und die verbrauchsunabhängigen Kosten, mit denen ein Mieter üblicherweise nicht belastet wird, übersteigt. Auszugehen ist vom vollen Mietwert (objektiver Wohnwert). Wenn es nicht möglich oder nicht zumutbar ist, die Wohnung aufzugeben und das Objekt zu vermieten oder zu veräußern, kann stattdessen die ersparte Miete angesetzt werden, die angesichts der wirtschaftlichen Verhältnisse angemessen wäre (subjektiver Wohnwert). Dies kommt insbesondere für die Zeit bis zur Scheidung in Betracht, wenn ein Ehegatte das Eigenheim allein bewohnt. Als Untergrenze für den subjektiven Wohnwert ist der Kaltmietanteil im kleinen Selbstbehalt anzusetzen. Bei höherem Einkommen ist der Wohnwert angemessen zu erhöhen.

6. Haushaltsführung

Führt jemand einem leistungsfähigen Dritten den Haushalt, so ist hierfür ein Einkommen anzusetzen; bei Haushaltsführung durch einen nicht Erwerbstätigen geschieht das in der Regel mit einem Betrag von 380 €.

7. Einkommen aus unzumutbarer Erwerbstätigkeit

kann nach Billigkeit ganz oder teilweise unberücksichtigt bleiben.

8. Freiwillige Zuwendungen Dritter

(z.B. Geldleistungen, kostenloses Wohnen) sind als Einkommen zu berücksichtigen, wenn dies dem Willen des Dritten entspricht.

9. Erwerbsobliegenheit und Einkommensfiktion

Einkommen können auch aufgrund einer unterhaltsrechtlichen Obliegenheit erzielbare Einkünfte sein (fiktives Einkommen).

10. Bereinigung des Einkommens

10.1 Steuern und Vorsorgeaufwendungen

Vom Bruttoeinkommen sind Steuern, Sozialabgaben und/oder angemessene Vorsorgeaufwendungen abzusetzen (Nettoeinkommen). Zu den angemessenen Vorsorgeaufwendungen kann auch die zusätzliche Altersversorgung im Rahmen der steuerlichen Förderung nach § 10a EStG zählen. Nr. 1.7 gilt entsprechend. Es besteht die Obliegenheit, Steuervorteile in zumutbarem Rahmen in Anspruch zu nehmen.

10.2 Berufsbedingte Aufwendungen

Berufsbedingte Aufwendungen, die sich von den privaten Lebenshaltungskosten nach objektiven Merkmalen eindeutig abgrenzen lassen, sind im Rahmen des Angemessenen vom Nettoeinkommen aus unselbstständiger Arbeit abzuziehen.

10.2.1 Pauschale/konkrete Aufwendungen

Bei Vorliegen entsprechender Anhaltspunkte kann eine Pauschale von 5% des Nettoeinkommens (maximal 150 €) abgesetzt werden. Diese Pauschale wird vom Nettoeinkommen vor Abzug von Schulden und besonderen Belastungen abgezogen. Übersteigen die berufsbedingten Aufwendungen diese Pauschale, so sind sie im Einzelnen darzulegen.

10.2.2 Fahrtkosten

Ein Abzug von Fahrtkosten zur Arbeitsstätte mit dem eigenen PKW erfolgt grundsätzlich nur in Höhe der Fahrtkosten öffentlicher Verkehrsmittel, wenn deren Benutzung zumutbar ist. Ist wegen schwieriger öffentlicher Verkehrsverbindungen oder aus sonstigen Gründen die Benutzung eines PKW als angemessen anzuerkennen, so wird eine Kilometerpauschale in Höhe des Betrages nach § 5 Abs. 2 Nr. 2 JVEG (zurzeit 0,30 € für jeden gefahrenen Kilometer) berücksichtigt. Anhaltspunkte für die Bestimmung der Angemessenheit können einerseits die ehelichen Lebensverhältnisse und andererseits das Verhältnis der Fahrtkosten zu dem Einkommen sein.

Die Fahrtkostenpauschale deckt in der Regel sowohl die laufenden Betriebskosten als auch die Anschaffungskosten des PKW ab.

Bei hoher Fahrleistung ist, da die Fahrtkosten nicht gleichmäßig ansteigen, eine abweichende Bewertung veranlasst. In der Regel kann bei einer Entfernung von mehr als 30 km (einfach) und einer PKW-Nutzung an ca. 220 Tagen im Jahr für jeden Mehrkilometer die Pauschale auf die Hälfte des Satzes herabgesetzt werden.

Bei unverhältnismäßig hohen Fahrtkosten infolge weiter Entfernung zum Arbeitsplatz kommt auch eine Obliegenheit zu einem Wohnortwechsel in Betracht.

10.2.3 Ausbildungsaufwand

Bei Vorliegen entsprechender Anhaltspunkte kann eine Pauschale von 5% der Ausbildungsvergütung abgesetzt werden. Übersteigen die Aufwendungen diese Pauschale, so sind sie im Einzelnen darzulegen (vgl. Nr. 10.2.1).

10.3 Kinderbetreuung

Kinderbetreuungskosten sind abzugsfähig, soweit die Betreuung durch Dritte infolge der Berufstätigkeit erforderlich ist. Geht ein Ehegatte einer Erwerbstätigkeit nach, obwohl er eines oder mehrere minderjährige Kinder betreut, so kann ihm – auch neben den in Satz 1 genannten konkreten Kosten – noch ein Ausgleich für Aufwendungen bis zu 200 € zugebilligt werden, wenn er darlegt, dass er oder Dritte zusätzliche Aufwendungen durch die Betreuung der Kinder haben (wie z. B. Großeltern, Nachbarn oder Freunde betreuen die Kinder unentgeltlich, ohne dadurch den Unterhaltspflichtigen entlasten zu wollen; Fahrtkosten zu Betreuungsstellen etc.). Für die Höhe dieser Pauschale sind u. a. folgende Faktoren von Bedeutung: Zahl und Alter der Kinder; Umfang der Berufstätigkeit; Umfang der Fremdbetreuung, deren Kosten nicht im Rahmen der in S. 1 genannten konkreten Kosten geltend gemacht werden; Höhe der konkreten Kosten.

10.4 Schulden

Berücksichtigungswürdige Schulden (Zins und Tilgung) sind abzuziehen; die Abzahlung soll im Rahmen eines vernünftigen Tilgungsplanes in angemessenen Raten erfolgen. Zur Obliegenheit, ein Verbraucherinsolvenzverfahren einzuleiten. Bei der Bedarfsermittlung für den Ehegattenunterhalt sind grundsätzlich eheprägende Verbindlichkeiten abzusetzen. Beim Verwandtenunterhalt sowie bei Leistungsfähigkeit/Bedürftigkeit für den Ehegattenunterhalt erfolgt eine Abwägung nach den Umständen des Einzelfalls. Bei der Zumutbarkeitsabwägung sind Interessen des Unterhaltsschuldners, des Drittgläubigers und des Unterhaltsgläubigers, vor allem minderjähriger Kinder, mit zu berücksichtigen. Bei der Unterhaltsbemessung nach einem fiktiven Einkommen ist auch ein fiktiver Schuldendienst berücksichtigungsfähig.

10.5 Unterhaltsleistungen (bleibt unbesetzt)

10.6 Vermögensbildung

Vermögensbildende Aufwendungen sind im angemessenen Rahmen abzugsfähig.

Kindesunterhalt

11. Bemessungsgrundlage (Tabellenunterhalt)

Der Barunterhalt minderjähriger und noch im elterlichen Haushalt lebender volljähriger unverheirateter Kinder bestimmt sich nach den Sätzen der Düsseldorfer Tabelle ohne Bedarfskontrollbeträge (Anhang 1). Bei minderjährigen Kindern kann er als Festbetrag oder als Prozentsatz des jeweiligen Mindestunterhalts geltend gemacht werden.

11.1 Kranken- und Pflegeversicherungsbeiträge

Die Tabellensätze der Düsseldorfer Tabelle enthalten keine Kranken- und Pflegeversicherungsbeiträge für das Kind, wenn dieses nicht in einer gesetzlichen Familienversicherung mitversichert ist. Dieser Aufwand gehört jedoch zum Grundbedarf und ist vom Barunterhaltspflichtigen allein zu tragen.

Besteht für das Kind eine freiwillige Krankenversicherung, so sind die hierfür erforderlichen Beiträge vom Unterhaltsverpflichteten zusätzlich zu zahlen, zur Ermittlung des Tabellenunterhalts jedoch vom Einkommen abzusetzen.

11.2 Eingruppierung

Die Tabellensätze sind auf den Fall zugeschnitten, dass der Unterhaltspflichtige drei Unterhaltsberechtigten (ohne Rücksicht auf den Rang, soweit für den Nachrangigen Mittel vorhanden sind) Unterhalt zu gewähren hat. Bei einer größeren oder geringeren Anzahl Unterhaltsberechtigter sind in der Regel Ab- oder Zuschläge durch Einstufung in niedrigere oder höhere Einkommensgruppen vorzunehmen. Eine Aufstufung um zwei Einkommensgruppen kommt in Betracht, wenn die Unterhaltspflicht nur gegenüber einem Kind besteht. Liegt insoweit das verfügbare Einkommen des Unterhaltspflichtigen im Bereich bis 1300 €, ist für die Aufstufung eine besondere Prüfung notwendig.

12. Minderjährige Kinder

12.1 Betreuungs-/Barunterhalt

Der sorgeberechtigte Elternteil, der ein minderjähriges Kind betreut, leistet in der Regel hierdurch seinen Beitrag zum Kindesunterhalt (§ 1606 Abs. 3 S. 2 BGB).

12.2 Einkommen des Kindes

Wird bei beiden Eltern hälftig angerechnet. Zum Kindergeld vgl. Nr. 14.

12.3. Beiderseitige Barunterhaltspflicht/Haftungsanteil

Der betreuende Elternteil braucht neben dem anderen Elternteil in der Regel keinen Barunterhalt zu leisten, es sei denn, sein Einkommen ist bedeutend höher als das des anderen Elternteils (§ 1606 Abs. 3 Satz 2 BGB – etwa bei dreifach höherem verfügbarem Einkommen und guten Vermögensverhältnissen, oder der eigene angemessene Unterhalt des sonst allein barunterhaltspflichtigen Elternteils ist gefährdet (§ 1603 Abs. 2 Satz 3 BGB). Im letzteren Fall kann jedoch nach der „Hausmann"-Rechtsprechung eine Haftung in Betracht kommen. Sind bei auswärtiger Unterbringung beide Eltern zum Barunterhalt verpflichtet, haften sie anteilig nach § 1606 Abs. 3 Satz 1 BGB für den Gesamtbedarf (vgl. Nr. 13.3). Der Verteilungsschlüssel kann unter Berücksichtigung des Betreuungsaufwandes wertend verändert werden.

12.4 Zusatzbedarf

Bei Zusatzbedarf (Prozesskostenvorschuss, Mehrbedarf, Sonderbedarf) gilt § 1606 Abs. 3 Satz 1 BGB (vgl. Nr. 13.3).

13. Volljährige Kinder

13.1 Bedarf

Beim Bedarf volljähriger Kinder ist zu unterscheiden, ob sie noch im Haushalt der Eltern/eines Elternteils leben oder einen eigenen Hausstand haben.

13.1.1 Für volljährige Kinder, die noch im Haushalt der Eltern oder eines Elternteils wohnen, gilt die Altersstufe 4 der Düsseldorfer Tabelle. Sind beide Elternteile leistungsfähig (vgl. Nr. 21.3.1), ist der Bedarf des Kindes in der Regel nach dem zusammengerechneten Einkommen zu bemessen. Hierbei findet z.B. bei einer Unterhaltsverpflichtung gegenüber nur einem Kind eine Höherstufung nur um eine Einkommensgruppe statt. Für die Haftungsquote gilt Nr. 13.3. Ein Elternteil hat jedoch höchstens den Unterhalt zu leisten, der sich allein aus seinem Einkommen aus der Düsseldorfer Tabelle ergibt.

Dies gilt auch für ein Kind im Sinne des § 1603 Abs. 2 Satz 2 BGB.

Erzielt das volljährige Kind eigenes Einkommen, beträgt der Unterhaltsbedarf (ohne Kranken-/Pflegeversicherungsbedarf) mindestens monatlich 530 €.

13.1.2 Der angemessene Bedarf eines volljährigen Kindes mit eigenem Hausstand beträgt in der Regel monatlich 640 € (darin sind enthalten Kosten für Unterkunft und Heizung bis zu 270 €), ohne Beiträge zur Kranken- und Pflegeversicherung sowie ohne Studiengebühren. Von diesem Betrag kann bei erhöhtem Bedarf oder mit Rücksicht auf die Lebensstellung der Eltern abgewichen werden.

13.2 Einkommen des Kindes

Auf den Unterhaltsbedarf werden Einkünfte des Kindes, auch das Kindergeld (siehe Nr. 14), BAföG-Darlehen und Ausbildungsbeihilfen (gekürzt um ausbildungsbedingte Aufwendungen, vgl. Nr. 10.2.3) angerechnet. Bei Einkünften aus unzumutbarer Erwerbstätigkeit gilt § 1577 Abs. 2 BGB entsprechend.

13.3 Beiderseitige Barunterhaltspflicht/Haftungsanteil

Für den Bedarf des Volljährigen haften die Eltern anteilig nach dem Verhältnis ihrer verfügbaren Einkommen. Vor der Bildung der Haftungsquote ist der angemessene Selbstbehalt jedes Elternteils (1100 €, siehe Nr. 21.3.1) und der Unterhalt vorrangig Berechtigter abzusetzen Die Haftung ist auf den Tabellenbetrag nach Maßgabe des eigenen Einkommens des jeweils Verpflichteten begrenzt.

Diese Berechnung findet für den Bedarf des volljährigen Schülers im Sinne des § 1603 Abs. 2 Satz 2 BGB entsprechende Anwendung: Zur Bildung der Haftungsquote ist vorab der angemessene Selbstbehalt jedes Elternteils und der Barbedarf weiterer jetzt gleichrangiger Kinder abzusetzen, wenn der verbleibende Betrag zur Bedarfsdeckung aller Kinder ausreicht. Ist dies nicht der Fall (Mangelfall) wird der Selbstbehalt auf den notwendigen Selbstbehalt herabgesetzt. Außerdem ist statt eines Vorwegabzugs des Bedarfs der anderen Kinder der Bedarf des volljährigen Kindes aus dem nach Abzug des eigenen Selbstbehalts der Eltern verbleibenden Betrag anteilig zu befriedigen.

14. Verrechnung des Kindergeldes

Es wird nach § 1612b BGB ausgeglichen. Bei volljährigen Kindern vgl. auch BGH FamRZ 2006, 99f.

(Zur Verrechnung bei Minderjährigen nach § 1612b Abs. 5 BGB a.F. in Altfällen, d.h. für die bis zum 31. 12. 2007 fällig gewordenen Unterhaltsansprüche, siehe die Verrechnungstabelle Anhang 2 zu den Unterhaltsgrundsätzen in der Fassung vom 1. 7. 2005).

Ehegattenunterhalt

15. Unterhaltsbedarf

Der Unterhaltsanspruch eines bedürftigen Ehegatten (§§ 1361, 1569ff. BGB) besteht in dem Unterschiedsbetrag zwischen seinem eheangemessenen Bedarf und seinen tatsächlich erzielten oder zurechenbaren Einkünften im Rahmen der Leistungsfähigkeit des Verpflichteten.

15.1 Bedarf nach ehelichen Lebensverhältnissen

Bei der Bedarfsbemessung darf nur eheprägendes Einkommen berücksichtigt werden. Eheprägend sind die zum Zeitpunkt der Scheidung verfügbaren Mittel. Einkünfte eines Ehegatten, die aus einer erst nach der Trennung aufgenommenen oder ausgeweiteten Erwerbstätigkeit erzielt werden, sind bei der Bedarfsermittlung zu berücksichtigen, wenn diese Berufstätigkeit anstelle einer zuvor geleisteten Haushaltsführung aufgenommen worden ist. Nach der Scheidung eintretende Einkommensminderungen sind für die Bedarfsbemessung zu berücksichtigen, sofern sie nicht auf einer Verletzung von Erwerbsobliegenheiten beruhen. Einkünfte, die aus einer überobligationsmäßig ausgeübten Erwerbstätigkeit erzielt werden, prägen die ehelichen Lebensverhältnisse nicht.

15.2 Halbteilung und Erwerbstätigenbonus

Der eheangemessene Bedarf eines Ehegatten (ohne Vorsorgebedarf) beträgt $^1/_2$ des den ehelichen Lebensverhältnissen entsprechenden Einkommens eines oder beider Ehegatten, bereinigt um die berücksichtigungsfähigen Lasten und den Kindesunterhalt. Offen bleibt, ob und inwieweit bei Minderjährigen der Zahlbetrag oder der Tabellenbetrag abgezogen wird. Bei Volljährigen ist der Zahlbetrag abzuziehen.

Auch Unterhaltsverpflichtungen gegenüber nach Ende der Ehe geborenen Kindern sind bei der Bedarfsberechnung vorweg zu berücksichtigen.

Erbringt der Verpflichtete sowohl Bar- als auch Betreuungsunterhalt, so gilt Nr. 10.3.

Auf Erwerbstätigkeit beruhendes Einkommen der Ehegatten wird vorab um einen Bonus von $^1/_7$ bereinigt. Dieser wird jeweils nach Abzug der mit der Erzielung des Erwerbseinkommens verbundenen Aufwendungen (Werbungskosten) sowie grundsätzlich der ehelichen Lasten und des von dem Erwerbstätigen zu leistenden Kindesunterhalts berechnet.

Sind mit der Erzielung von Nichterwerbseinkommen (insbes. Wohnvorteil, Kapitaleinkünfte pp.) besondere Aufwendungen verbunden, werden diese von der jeweiligen Einkunftsart abgezogen.

15.3 Konkrete Bedarfsbemessung

Ein eheangemessener Unterhaltsbedarf (Elementarunterhalt) kann bis zu einem Betrag von 2200 € als Quotenunterhalt geltend gemacht werden. Ein darüber hinausgehender Bedarf muss konkret dargelegt werden. Eigenes Einkommen des bedürftigen Ehegatten – Erwerbseinkommen nach Abzug des Erwerbstätigenbonus – ist hierauf anzurechnen.

15.4 Vorsorgebedarf/Zusatz- und Sonderbedarf

Werden Altersvorsorge-, Kranken- und Pflegeversicherungskosten vom Berechtigten gesondert geltend gemacht oder vom Verpflichteten bezahlt, sind diese vom dem Einkommen des Pflichtigen vorweg abzuziehen. Der Vorwegabzug unterbleibt, soweit nicht verteilte Mittel zur Verfügung stehen, z. B. durch Anrechnung nicht prägenden Einkommens des Berechtigten auf seinen Bedarf.

Bei der Bemessung des Altersvorsorgebedarfs kann nach den Grundsätzen der Bremer Tabelle verfahren werden. Altersvorsorgeunterhalt kann in der Regel nur dann verlangt werden, wenn der angemessene Eigenbedarf (großer Selbstbehalt) gedeckt ist. Der Altersvorsorgeunterhalt ist nicht auf den Höchstbetrag nach Maßgabe der Beitragsbemessungsgrenze beschränkt und soll gegebenenfalls aus nicht prägendem Einkommen gedeckt werden, so dass dann die zweite Berechnungsstufe entfallen kann. Altersvorsorgeunterhalt kann für die Vergangenheit nicht erst von dem Zeitpunkt an verlangt werden, in dem er ausdrücklich geltend gemacht worden ist. Es reicht für die Inanspruchnahme des Unterhaltspflichtigen vielmehr aus, dass von diesem Auskunft mit dem Ziel der Geltendmachung eines Unterhaltsanspruchs begehrt worden ist.

Der Beitrag für Krankenversicherung und Pflegeversicherung ist in jeweils nachzuweisender konkreter Höhe zu berücksichtigen.

15.5 Bedarf bei mehreren gleichrangigen Ehegatten und Berechtigten nach § 1615 l BGB (nicht belegt).

15.6 Trennungsbedingter Mehrbedarf

Trennungsbedingter Mehrbedarf kann zusätzlich berücksichtigt werden, wenn ausnahmsweise noch die Anrechnungsmethode Anwendung findet. Obergrenze ist das Ergebnis der Differenzmethode.

16. Bedürftigkeit

Eigene (erzielte oder zurechenbare) Einkünfte des Berechtigten sind auf den Bedarf anzurechnen, wobei das bereinigte Nettoerwerbseinkommen um den Erwerbstätigenbonus zu vermindern ist.

17. Erwerbsobliegenheit

17.1 bei Kindesbetreuung

Die nach Vollendung des 3. Lebensjahres grundsätzlich einsetzende Erwerbsobliegenheit des betreuenden Elternteils ist hinsichtlich Art und Umfang an den Belangen des Kindes auszurichten. Stehen solche Belange einer Fremdbetreuung generell entgegen oder besteht eine kindgerechte Betreuungsmöglichkeit nicht, hat das Prinzip der Eigenverantwortung des betreuenden Elternteils für seinen Unterhalt zurückzustehen. Dieser Maßstab bestimmt auch die Verpflichtung zur Aufnahme einer Teilzeit- oder Vollzeittätigkeit. Bis zur Beendigung der Grundschulzeit kann eine Vollzeiterwerbstätigkeit in der Regel nicht erwartet werden.

Vgl. hierzu die Gesetzesbegründung, FamRZ 2007, 1947, 2. Spalte: „ Die Neuregelung verlangt (also) keineswegs einen abrupten, übergangslosen Wechsel von der elterlichen Betreuung zu Vollzeiterwerbstätigkeit. Im Interesse des Kindeswohls wird vielmehr auch künftig ein gestufter, an den Kriterien von § 1570 Abs. 1 BGB-Entwurf orientierter Übergang möglich sein."

Private Betreuung, z.B. durch Bekannte und Angehörige, muss grundsätzlich nicht in Anspruch genommen werden.

Die Darlegungs- und Beweislast, keine zumutbare Betreuungsmöglichkeit gefunden zu haben, hat grundsätzlich der Unterhaltsbegehrende, der sich darauf beruft. Es genügt jedoch zunächst der Vortrag, z.B. in der Gemeinde nachgefragt und eine Absage erhalten zu haben. Erst auf substanziiertes Bestreiten der in Anspruch genommenen Gegenpartei besteht ergänzende Vortragspflicht.

Maßgeblich für die Dauer der Verlängerung des Unterhaltsanspruchs nach § 1570 Abs. 2 BGB ist das Vertrauen in die vereinbarte und praktizierte Rollenverteilung und die gemeinsame Ausgestaltung der Kindesbetreuung. Dabei ist auch das Alter des betreuenden Ehegatten zu berücksichtigen. Maßgeblich für die Beurteilung ist auch die Zahl der zu betreuenden Kinder.

17.2 bei Trennungsunterhalt

In der Regel besteht für den Berechtigten im ersten Jahr nach der Trennung keine Obliegenheit zur Aufnahme oder Ausweitung einer Erwerbstätigkeit.

Leistungsfähigkeit und Mangelfall

21. Selbstbehalt

21.1 Grundsatz

Es ist zu unterscheiden zwischen dem notwendigen (§ 1603 Abs. 2 BGB), dem angemessenen (§ 1603 Abs. 1 BGB) und dem eheangemessenen (§§ 1361 Abs. 1, 1578 Abs. 1 BGB; BGH FamRZ 2006, 683) Selbstbehalt.

21.2 Notwendiger Selbstbehalt

Für Eltern gegenüber minderjährigen Kindern und diesen nach § 1603 Abs. 2 Satz 2 BGB gleichgestellten Kindern gilt im Allgemeinen der notwendige Selbstbehalt als unterste Grenze der Inanspruchnahme. Er beträgt 900 €. Davon entfallen 520 € auf den allgemeinen Lebensbedarf und 380 € auf den Wohnbedarf (290 € Kaltmiete, 90 € Nebenkosten und Heizung). Verursacht der Umgang des Unterhaltspflichtigen mit den minderjährigen Kindern besondere Kosten, die er nur unter Gefährdung seines Selbstbehalts aufbringen könnte, kommt eine maßvolle Erhöhung in Betracht (BGH FamRZ 2005, 706 ff.).

21.3 Angemessener Selbstbehalt

21.3.1 gegenüber volljährigen Kindern

Er beträgt gegenüber volljährigen Kindern 1100 €. Davon entfallen 620 € auf den allgemeinen Lebensbedarf und 480 € auf den Wohnbedarf (370 € Kaltmiete, 110 € Nebenkosten und Heizung).

21.3.2 bei Ansprüchen aus § 1615 l BGB

Gegenüber Anspruchsberechtigten nach § 1615 l BGB entspricht der Selbstbehalt dem eheangemessenen Selbstbehalt (Nr. 21.4).

21.3.3 beim Elternunterhalt

Gegenüber Eltern beträgt er mindestens 1400 €, wobei die Hälfte des diesen Mindestbetrag übersteigenden Einkommens zusätzlich anrechnungsfrei bleibt. In diesem Mindestbetrag sind Kosten für Unterkunft und Heizung in Höhe von 480 € (370 € kalt, 110 € Nebenkosten und Heizung) enthalten.

21.3.4. von Großeltern gegenüber Enkeln (und umgekehrt)

Dies gilt entsprechend für sonstige Unterhaltsansprüche von Verwandten der auf- und absteigenden Linie.

21.4 Mindestselbstbehalt gegenüber Ehegatten

Der eheangemessene Selbstbehalt gegenüber getrennt lebenden und geschiedenen Unterhaltsberechtigten sowie der Selbstbehalt gegenüber einem Anspruch nach § 1615 l BGB (Nr. 21.3.2) ist in der Regel mit 1000 € zu bemessen, davon 430 € für den Wohnbedarf (330 € kalt, 100 € Nebenkosten und Heizung).

21.5 Anpassung des Selbstbehalts

21.5.1. Beim Verwandtenunterhalt kann der jeweilige Selbstbehalt unterschritten werden, wenn der eigene Unterhalt des Pflichtigen ganz oder teilweise durch seinen

Ehegatten gedeckt ist (vgl. Nr. 22).

21.5.2. Die Wohnanteile in den Selbstbehalten können angemessen erhöht werden, wenn der Einsatzbetrag im Einzelfall erheblich überschritten wird und dies nicht vermeidbar ist.

21.5.3. Lebt der Unterhaltspflichtige mit einem neuen Partner in Haushaltsgemeinschaft, so ist das allein kein Grund für eine Reduzierung des Selbstbehalts. Ebenso kommt die Herabsetzung des Selbstbehalts mit Rücksicht auf geringere Wohnkosten des Unterhaltspflichtigen nicht in Betracht.

Unterhaltsrechtliche Leitlinien der Familiensenate in Süddeutschland (SüdL) (auszugsweise)

Oberlandesgerichte Bamberg, Karlsruhe, München, Nürnberg,
Stuttgart und Zweibrücken
Stand 1. 1. 2008

Unterhaltsrechtlich maßgebendes Einkommen

Bei der Ermittlung und Zurechnung von Einkommen ist stets zu unterscheiden, ob es um Verwandten- oder Ehegattenunterhalt sowie ob es um Bedarfsbemessung einerseits oder Feststellung der Bedürftigkeit/Leistungsfähigkeit andererseits geht. Das unterhaltsrechtliche Einkommen ist nicht immer identisch mit dem steuerrechtlichen Einkommen.

1. Geldeinnahmen

1.1 Auszugehen ist vom Bruttoeinkommen als Summe aller Einkünfte.

1.2 Soweit Leistungen nicht monatlich anfallen (z. B. Weihnachts- und Urlaubsgeld), werden sie auf ein Jahr umgelegt. Einmalige Zahlungen (z. B. Abfindungen) sind auf einen angemessenen Zeitraum (in der Regel mehrere Jahre) zu verteilen.
1.3 Überstundenvergütungen werden dem Einkommen voll zugerechnet, soweit sie berufstypisch sind und das in diesem Beruf übliche Maß nicht überschreiten.
1.4 Ersatz für Spesen und Reisekosten sowie Auslösungen gelten in der Regel als Einkommen. Damit zusammenhängende Aufwendungen, vermindert um häusliche Ersparnis, sind jedoch abzuziehen. Bei Aufwendungspauschalen (außer Kilometergeld) kann $1/3$ als Einkommen angesetzt werden.
1.5 Bei Ermittlung des zukünftigen Einkommens eines Selbständigen ist in der Regel der Gewinn der letzten drei Jahre zugrunde zu legen.
1.6 Einkommen aus Vermietung und Verpachtung sowie aus Kapitalvermögen ist der Überschuss der Bruttoeinkünfte über die Werbungskosten. Für Gebäude ist keine AfA anzusetzen.
1.7 Steuerzahlungen oder Erstattungen sind in der Regel im Kalenderjahr der tatsächlichen Leistung zu berücksichtigen.
1.8 Sonstige Einnahmen, z. B. Trinkgelder.

2. Sozialleistungen

2.1 Arbeitslosengeld (§ 117 SGB III) und Krankengeld.
2.2 Leistungen zur Sicherung des Lebensunterhalts nach §§ 19 ff. SGB II sind kein Einkommen, es sei denn, die Nichtberücksichtigung der Leistungen ist in Ausnahmefällen treuwidrig; nicht subsidiäre Leistungen nach dem SGB II sind Einkommen (insbesondere befristete Zuschläge § 24 SGB II, Einstiegsgeld § 29 SGB II, Entschädigung für Mehraufwendungen „Ein-Euro-Job" § 16 SGB II, Freibeträge nach § 30 SGB II).
2.3 Wohngeld, soweit es nicht erhöhte Wohnkosten deckt.
2.4 BAföG-Leistungen, auch soweit sie als Darlehen gewährt werden, mit Ausnahme von Vorausleistungen nach §§ 36, 37 BAföG.
2.5 Elterngeld ist Einkommen, soweit es über den Sockelbetrag in Höhe von 300 €, bei verlängertem Bezugsrecht über 150 € hinausgeht. Der Sockelbetrag (§ 11 S. 4 BEEG) und Bundeserziehungsgeld sind kein Einkommen, es sei denn, es liegt einer der Ausnahmefälle der § 9 S. 2 BerzGG, § 11 S. 4 BEEG vor.
2.6 Unfallrenten.
2.7 Leistungen aus der Pflegeversicherung, Blindengeld, Versorgungsrenten, Schwerbeschädigten- und Pflegezulagen nach Abzug eines Betrags für tatsächliche Mehraufwendungen; §§ 1610 a, 1578 a BGB sind zu beachten.

2.8 Der Anteil des Pflegegelds bei der Pflegeperson, durch den ihre Bemühungen abgegolten werden; bei Pflegegeld aus der Pflegeversicherung gilt dies nach Maßgabe des § 13 VI SGB XI.
2.9 In der Regel Leistungen nach §§ 41–43 SGB XII (Grundsicherung) beim Verwandtenunterhalt, nicht aber beim Ehegattenunterhalt.
2.10/11 Kein Einkommen sind sonstige Sozialhilfe nach SGB XII und Leistungen nach dem UVG. Die Unterhaltsforderung eines Empfängers dieser Leistungen kann in Ausnahmefällen treuwidrig sein. Vgl. Ziffer 2.2).

3. Kindergeld

Kindergeld wird nicht zum Einkommen der Eltern gerechnet (vgl. Nr. 14).

4. Geldwerte Zuwendungen des Arbeitgebers

Geldwerte Zuwendungen aller Art des Arbeitgebers, z. B. Firmenwagen oder freie Kost und Logis, sind Einkommen, soweit sie entsprechende Eigenaufwendungen ersparen.

5. Wohnwert

Der Wohnvorteil durch mietfreies Wohnen im eigenen Heim ist als wirtschaftliche Nutzung des Vermögens unterhaltsrechtlich wie Einkommen zu behandeln. Neben dem Wohnwert sind auch Zahlungen nach dem Eigenheimzulagengesetz anzusetzen.

Ein Wohnvorteil liegt nur vor, soweit der Wohnwert den berücksichtigungsfähigen Schuldendienst, erforderliche Instandhaltungskosten und die verbrauchsunabhängigen Kosten, mit denen ein Mieter üblicherweise nicht belastet wird, übersteigt.

Auszugehen ist vom vollen Mietwert. Wenn es nicht möglich oder nicht zumutbar ist, die Wohnung aufzugeben und das Objekt zu vermieten oder zu veräußern, kann statt dessen die ersparte Miete angesetzt werden, die angesichts der wirtschaftlichen Verhältnisse angemessen wäre. Dies kommt insbesondere für die Zeit bis zur Scheidung in Betracht, wenn ein Ehegatte das Eigenheim allein bewohnt.

6. Haushaltsführung

Führt jemand einem leistungsfähigen Dritten den Haushalt, so ist hierfür ein Einkommen anzusetzen; bei Haushaltsführung durch einen Nichterwerbstätigen geschieht das in der Regel mit einem Betrag von 200 bis 550 €.

7. Einkommen aus unzumutbarer Erwerbstätigkeit

Einkommen aus unzumutbarer Erwerbstätigkeit kann nach Billigkeit ganz oder teilweise unberücksichtigt bleiben.

8. Freiwillige Zuwendungen Dritter

Freiwillige Zuwendungen Dritter (z. B. Geldleistungen, kostenloses Wohnen) sind als Einkommen zu berücksichtigen, wenn dies dem Willen des Dritten entspricht.

9. Erwerbsobliegenheit und Einkommensfiktion

Einkommen können auch aufgrund einer unterhaltsrechtlichen Obliegenheit erzielbare Einkünfte sein.

10. Bereinigung des Einkommens

10.1 Vom Bruttoeinkommen sind Steuern, Sozialabgaben und/oder angemessene Vorsorgeaufwendungen abzusetzen (Nettoeinkommen).

Es besteht die Obliegenheit, Steuervorteile in Anspruch zu nehmen (z. B. Eintragung eines Freibetrags bei Fahrtkosten, für unstreitigen oder titulierten Unterhalt).

10.2 Berufsbedingte Aufwendungen, die sich von den privaten Lebenshaltungskosten nach objektiven Merkmalen eindeutig abgrenzen lassen, sind im Rahmen des Angemessenen vom Nettoeinkommen aus unselbständiger Arbeit abzuziehen.

10.2.1 Bei Vorliegen entsprechender Anhaltspunkte kann eine Pauschale von 5% des Nettoeinkommens angesetzt werden. Übersteigen die berufsbedingten Aufwendungen die Pauschale, so sind sie im Einzelnen darzulegen. Bei beschränkter Leistungsfähigkeit kann im Einzelfall nur mit konkreten Kosten gerechnet werden.

10.2.2 Für die notwendigen Kosten der berufsbedingten Nutzung eines Kraftfahrzeugs kann der nach den Sätzen des § 5 II Nr. 2 JVEG anzuwendende Betrag (derzeit 0,30 €) pro gefahrenen Kilometer angesetzt werden. Damit sind i. d. R. Anschaffungskosten erfasst. Bei langen Fahrtstrecken (ab ca. 30 km einfach) kann nach unten abgewichen werden (für die Mehrkilometer in der Regel 0,20 €).

10.2.3 Bei einem Auszubildenden sind i. d. R. 90 € als ausbildungsbedingter Aufwand abzuziehen.

10.3 Kinderbetreuungskosten sind abzugsfähig, soweit die Betreuung durch Dritte infolge der Berufstätigkeit erforderlich ist. Außerdem kann ein Kinderbetreuungsbonus angesetzt werden.

10.4 Berücksichtigungswürdige Schulden (Zins und Tilgung) sind abzuziehen; die Abzahlung soll im Rahmen eines vernünftigen Tilgungsplanes in angemessenen Raten erfolgen. Bei der Zumutbarkeitsabwägung sind Interessen des Unterhaltsschuldners, des Drittgläubigers und des Unterhaltsgläubigers, vor allem minderjähriger Kinder, mit zu berücksichtigen.

Zur Obliegenheit, ein Verbraucherinsolvenzverfahren einzuleiten vgl. BGH FamRZ 2005, 608 und Urt. v. 12. 12. 2007 Az. XII ZR 23/06.
10.5 Auch nachträglich entstandene vorrangige und gleichrangige Unterhaltsleistungen, jedenfalls gegenüber Kindern, sind bei der Bedarfsermittlung zu berücksichtigen.
10.6 Vermögensbildende Aufwendungen sind im angemessenen Rahmen abzugsfähig.

Kindesunterhalt

11. Bemessungsgrundlage (Tabellenunterhalt)

Der Barunterhalt minderjähriger und noch im elterlichen Haushalt lebender volljähriger unverheirateter Kinder bestimmt sich nach den Sätzen der Düsseldorfer Tabelle (Anhang 1).

Bei minderjährigen Kindern kann er als Festbetrag oder als Prozentsatz des jeweiligen Mindestunterhalts geltend gemacht werden.
11.1 Die Tabellensätze der Düsseldorfer Tabelle enthalten keine Kranken- und Pflegeversicherungsbeiträge für das Kind, wenn dieses nicht in einer gesetzlichen Familienversicherung mitversichert ist. Das Nettoeinkommen des Verpflichteten ist um solche zusätzlich zu zahlenden Versicherungskosten zu bereinigen.
11.2 Die Tabellensätze sind auf den Fall zugeschnitten, dass der Unterhaltspflichtige drei Unterhaltsberechtigten Unterhalt zu gewähren hat. Bei einer größeren oder geringeren Anzahl Unterhaltsberechtigter sind i.d.R. Ab- oder Zuschläge durch Einstufung in eine niedrigere oder höhere Einkommensgruppe vorzunehmen.

Zur Eingruppierung können auch die Bedarfskontrollbeträge herangezogen werden.

12. Minderjährige Kinder

12.1 Der betreuende Elternteil braucht neben dem anderen Elternteil in der Regel keinen Barunterhalt zu leisten, es sei denn, sein Einkommen ist bedeutend höher als das des anderen Elternteils (§ 1606 III 2 BGB), oder der eigene angemessene Unterhalt des sonst allein barunterhaltspflichtigen Elternteils ist gefährdet (§ 1603 II 3 BGB).
12.2 Einkommen des Kindes wird bei beiden Eltern hälftig angerechnet. Zum Kindergeld vgl. Ziffer 14.
12.3 Sind bei auswärtiger Unterbringung beide Eltern zum Barunterhalt verpflichtet, haften sie anteilig nach § 1606 III 1 BGB für den Gesamtbedarf (vgl. Nr. 13.3). Der Verteilungsschlüssel kann unter Berücksichtigung des Betreuungsaufwandes wertend verändert werden.

12.4 Bei Zusatzbedarf (Prozesskostenvorschuss, Mehrbedarf, Sonderbedarf) gilt § 1606 III 1 BGB (vgl. Nr. 13.3).

13. Volljährige Kinder

13.1 Bedarf

Beim Bedarf volljähriger Kinder ist zu unterscheiden, ob sie noch im Haushalt der Eltern/eines Elternteils leben oder einen eigenen Hausstand haben.

13.1.1 Für volljährige Kinder, die noch im Haushalt der Eltern oder eines Elternteils wohnen, gilt die Altersstufe 4 der Düsseldorfer Tabelle.

Sind beide Elternteile leistungsfähig (vgl. Nr. 21.3.1), ist der Bedarf des Kindes i. d. R. nach dem zusammengerechneten Einkommen (ohne Anwendung von Nr. 11.2) zu bemessen. Für die Haftungsquote gilt Nr. 13.3. Ein Elternteil hat jedoch höchstens den Unterhalt zu leisten, der sich allein aus seinem Einkommen aus der Düsseldorfer Tabelle ergibt.

13.1.2 Der angemessene Bedarf eines volljährigen Kindes mit eigenem Hausstand beträgt in der Regel monatlich 640 € (darin sind enthalten Kosten für Unterkunft und Heizung bis zu 270 €), ohne Beiträge zur Kranken- und Pflegeversicherung sowie Studiengebühren.

Von diesem Betrag kann bei erhöhtem Bedarf oder mit Rücksicht auf die Lebensstellung der Eltern abgewichen werden.

13.2 Auf den Unterhaltsbedarf werden Einkünfte des Kindes, auch das Kindergeld, BAföG-Darlehen und Ausbildungsbeihilfen (gekürzt um ausbildungsbedingte Aufwendungen, vgl. Nr. 10.2.3) angerechnet. Bei Einkünften aus unzumutbarer Erwerbstätigkeit gilt § 1577 II BGB entsprechend.

13.3 Bei anteiliger Barunterhaltspflicht ist vor Berechnung des Haftungsanteils nach § 1606 III 1 BGB das bereinigte Nettoeinkommen jedes Elternteils gem. Nr. 10 zu ermitteln. Außerdem ist vom Restbetrag ein Sockelbetrag in Höhe des angemessenen Selbstbehalts (1100 €) abzuziehen.

Der Haftungsanteil nach § 1606 III 1 BGB errechnet sich nach der Formel:

Bereinigtes Nettoeinkommen eines Elternteils (N1 oder N2) abzüglich 1100 € mal (Rest-)Bedarf (R), geteilt durch die Summe der bereinigten Nettoeinkommen beider Eltern (N1 + N2) abzüglich 2200 (= 1100 + 1100) €. Haftungsanteil 1 = (N1 – 1100) × R : (N1 + N2 – 2200).

Der so ermittelte Haftungsanteil ist auf seine Angemessenheit zu überprüfen und kann bei Vorliegen besonderer Umstände (z. B. behindertes Kind) wertend verändert werden.

Bei volljährigen Schülern, die in § 1603 II 2 BGB minderjährigen Kindern gleichgestellt sind, wird der Sockelbetrag bis zum notwendigen Selbstbehalt (770 €/900 €) herabgesetzt, wenn der Bedarf der Kinder andernfalls nicht gedeckt werden kann.

14. Verrechnung des Kindergeldes

Es wird nach § 1612b BGB angerechnet.

Ehegattenunterhalt

15. Unterhaltsbedarf

15.1 Bei der Bedarfsbemessung darf nur eheprägendes Einkommen berücksichtigt werden. Bei Aufnahme oder Erweiterung einer Erwerbstätigkeit nach Trennung/Scheidung gilt das (Mehr-)Einkommen als prägend.

15.2 Es gilt der Halbteilungsgrundsatz, wobei jedoch Erwerbseinkünfte nur zu 90% zu berücksichtigen sind (Abzug von $^1/_{10}$ Erwerbstätigenbonus vom bereinigten Nettoeinkommen).

Leistet ein Ehegatte auch Unterhalt für ein unterhaltsberechtigtes Kind, wird sein Einkommen vor Ermittlung des Erwerbstätigenbonus um Kindesunterhalt (Zahlbetrag)[1] bereinigt.

Erbringt der Verpflichtete sowohl Bar- als auch Betreuungsunterhalt, kommt ein Betreuungsbonus in Betracht.

15.3 Bei sehr guten Einkommensverhältnissen des Pflichtigen kommt eine konkrete Bedarfsberechnung in Betracht.

15.4 Werden Altersvorsorge-, Kranken- und Pflegeversicherungskosten vom Berechtigten gesondert geltend gemacht oder vom Verpflichteten bezahlt, sind diese vom Einkommen des Pflichtigen vorweg abzuziehen. Der Vorwegabzug unterbleibt, soweit nicht verteilte Mittel zur Verfügung stehen, z. B. durch Anrechnung nicht prägenden Einkommens des Berechtigten auf seinen Bedarf.

15.5 und 15.6 nicht belegt

16. Bedürftigkeit

Eigene Einkünfte des Berechtigten sind auf den Bedarf anzurechnen, wobei das bereinigte Nettoerwerbseinkommen um den Erwerbstätigenbonus zu vermindern ist (vgl. Rechenbeispiel Anhang 2 Nr. 2.1).

17. Erwerbsobliegenheit

17.1 Bei Betreuung eines Kindes kann bis zur Vollendung des 3. Lebensjahrs eine Erwerbstätigkeit nicht erwartet werden. Danach besteht eine Erwerbsobliegenheit nach den Umständen des Einzelfalls. Ergänzend wird auf die amtliche Begründung zur Änderung des § 1570 BGB Bezug genommen „Die Neuregelung verlangt keineswegs einen abrupten, übergangslosen Wechsel von der elterlichen Betreuung zu Vollzeiterwerbstätigkeit. Im

Interesse des Kindeswohls wird vielmehr auch künftig ein gestufter, an den Kriterien von § 1570 Abs. 1 BGB orientierter Übergang möglich sein."
17.2. In der Regel besteht für den Berechtigten im ersten Jahr nach der Trennung keine Obliegenheit zur Aufnahme oder Ausweitung einer Erwerbstätigkeit.

Leistungsfähigkeit und Mangelfall

21. Selbstbehalt

21.1 Es ist zu unterscheiden zwischen dem notwendigen (§ 1603 II BGB), dem angemessenen (§ 1603 I BGB) und dem eheangemessenen Selbstbehalt (§§ 1361 I, 1578 I BGB; BGH, FamRZ 2006, 683).
21.2 Für Eltern gegenüber minderjährigen Kindern und diesen nach § 1603 II 2 BGB gleichgestellten Kindern gilt im Allgemeinen der notwendige Selbstbehalt als unterste Grenze der Inanspruchnahme.

Er beträgt
- beim Nichterwerbstätigen 770 €
- beim Erwerbstätigen 900 €.

Hierin sind Kosten für Unterkunft und Heizung in Höhe von 360 € enthalten.
21.3 Im Übrigen gilt beim Verwandtenunterhalt der angemessene Selbstbehalt.
21.3.1 Er beträgt gegenüber volljährigen Kindern 1100 €. Hierin sind Kosten für Unterkunft und Heizung in Höhe von 450 € enthalten.
21.3.2 Gegenüber Anspruchsberechtigten nach § 1615l BGB ist der Selbstbehalt in der Regel mit einem Betrag zu bemessen, der zwischen dem angemessenen Selbstbehalt des Volljährigen nach § 1603 I BGB und dem notwendigen Selbstbehalt nach § 1603 II BGB liegt (BGH FamRZ 2005, 354), in der Regel mit 1000 €.
21.3.3 Gegenüber Eltern beträgt er mindestens 1400 €, wobei die Hälfte des diesen Mindestbetrag übersteigenden Einkommens zusätzlich anrechnungsfrei bleibt. Hierin sind Kosten für Unterkunft und Heizung in Höhe von 450 € enthalten.
21.3.4 Gegenüber Großeltern/Enkel beträgt der Selbstbehalt mindestens 1400 €.
21.4 Gegenüber Ehegatten gilt grundsätzlich der Ehegattenmindestselbstbehalt (= Eigenbedarf). Er beträgt in der Regel 1000 €. Hierin sind Kosten für Unterkunft und Heizung in Höhe von 400 € enthalten.
21.5 Anpassung des Selbstbehalts
21.5.1 Beim Verwandtenunterhalt kann der jeweilige Selbstbehalt unterschritten werden, wenn der eigene Unterhalt des Pflichtigen ganz oder teilweise durch seinen Ehegatten gedeckt ist (vgl. Nr. 22).

21.5.2 Wird konkret eine erhebliche und nach den Umständen nicht vermeidbare Überschreitung der in den einzelnen Selbstbehalten enthaltenen angeführten Wohnkosten dargelegt, erhöht sich der Selbstbehalt. Wird die Wohnung von mehreren Personen genutzt, ist der Wohnkostenanteil des Pflichtigen festzustellen. Bei Erwachsenen geschieht die Aufteilung in der Regel nach Köpfen. Kinder sind vorab mit einem Anteil von 20% ihres Anspruchs auf Barunterhalt zu berücksichtigen. Besteht für den Verpflichteten ein Anspruch auf Wohngeld, ist dieser wohnkostenmindernd zu berücksichtigen (vgl. Nr. 2.3).

22. Bedarf des mit dem Pflichtigen zusammenlebenden Ehegatten

22.1 und 22.2

Ist bei Unterhaltsansprüchen des nachrangigen geschiedenen Ehegatten oder volljähriger Kinder der Unterhaltspflichtige verheiratet, werden für den mit ihm zusammenlebenden Ehegatten mindestens 800 € angesetzt.

22.2 (Mindestbedarf bei Ansprüchen aus § 1615 l BGB): nicht belegt

22.3 Ist bei Unterhaltsansprüchen der Eltern, Großeltern und Enkel der Unterhaltspflichtige verheiratet, werden für den mit ihm zusammenlebenden Ehegatten mindestens 1100 € angesetzt. Im Familienbedarf von 2500 € (1400 € + 1100 €) sind Kosten für Unterkunft und Heizung in Höhe von 800 € enthalten.

23. Mangelfall

23.1 Ein absoluter Mangelfall liegt vor, wenn das Einkommen des Verpflichteten zur Deckung seines notwendigen Selbstbehalts und der gleichrangigen Unterhaltsansprüche der Kinder nicht ausreicht. Zur Feststellung des Mangelfalls entspricht der einzusetzende Bedarf für minderjährige und diesen nach § 1603 II 2 BGB gleichgestellten Kindern dem Zahlbetrag, der aus der ersten Einkommensgruppe entnommen werden kann.

24. Rundung

Der Unterhaltsbetrag ist auf volle Euro aufzurunden.

Unterhaltsleitlinien des Oberlandesgerichts Köln (auszugsweise) (Stand: 1. 1. 2008)

Die Familiensenate des OLG Köln verwenden diese Leitlinien für den Regelfall, um eine in praktisch bedeutsamen Unterhaltsfragen möglichst einheitliche Rechtsprechung zu erreichen. Die Leitlinien können die Richter nicht binden. Sie sollen die angemessene Lösung des Einzelfalls – das gilt auch für die „Tabellen-Unterhaltssätze“ – nicht antasten.

Die Leitlinien folgen der Düsseldorfer Tabelle und den Süddeutschen Leitlinien, weichen jedoch in Einzelfragen davon ab.

Unterhaltsrechtliches Einkommen

Bei der Ermittlung und Zurechnung von Einkommen ist stets zu unterscheiden, ob es um Verwandten- oder Ehegattenunterhalt sowie ob es um Bedarfsbemessung einerseits oder Feststellung der Bedürftigkeit/Leistungsfähigkeit andererseits geht.

Das unterhaltsrechtliche Einkommen ist nicht immer identisch mit dem steuerrechtlichen Einkommen.

1 Geldeinnahmen

1.1 Regelmäßiges Bruttoeinkommen einschl. Renten und Pensionen

Auszugehen ist vom Bruttoeinkommen als Summe aller Einkünfte.

1.2 Unregelmäßiges Einkommen

Soweit Leistungen nicht monatlich anfallen (z.B. Weihnachts- und Urlaubsgeld), werden sie auf ein Jahr verteilt. Einmalige Zahlungen (z.B. Abfindungen) sind auf einen angemessenen Zeitraum (i.d.R. mehrere Jahre) zu verteilen.

1.3 Überstunden

Überstundenvergütungen werden dem Einkommen voll zugerechnet, soweit sie berufstypisch sind und das in diesem Beruf übliche Maß nicht überschreiten. Ob und in welchem Umfang weitergehende Einkünfte durch Überstunden, aus Nebentätigkeit oder Zweitarbeit anrechenbar sind, ist nach Billigkeit nach den Umständen des Einzelfalls (hohe Schuldenbelastung, Sicherung des Mindestbedarfs) zu entscheiden.

1.4 Spesen und Auslösungen

Ersatz für Spesen und Reisekosten sowie Auslösungen gelten in der Regel als Einkommen. Damit zusammenhängende Aufwendungen, vermindert um häusliche Ersparnis, sind jedoch abzuziehen.

1.5 Einkommen aus selbstständiger Tätigkeit

Bei der Ermittlung des zukünftigen Einkommens eines Selbstständigen ist in der Regel der Gewinn der letzten drei Jahre zugrunde zu legen.

1.6 Einkommen aus Vermietung und Verpachtung sowie Kapitalvermögen

Einkommen aus Vermietung und Verpachtung sowie aus Kapitalvermögen ist der Überschuss der Bruttoeinkünfte über die Werbungskosten. Für Gebäude ist keine AfA anzusetzen.

1.7 Steuererstattungen

Steuerzahlungen oder Erstattungen sind in der Regel im Kalenderjahr der tatsächlichen Leistung zu berücksichtigen.

1.8 Sonstige Einnahmen

Sonstige Einnahmen (z. B. Trinkgelder).

2 Sozialleistungen

2.1 Arbeitslosengeld (§ 117 SGB III), Krankengeld, Krankentagegeld und Übergangsgeld (§ 24 SGB II) **sind Einkommen.**

2.2 Leistungen nach dem SGB II

Arbeitslosengeld II (§§ 19–32 SGB II) ist Einkommen beim Verpflichteten. Beim Berechtigten sind Leistungen nach dem SGB II kein Einkommen (Ausnahme: Übergangsgeld gem. § 24 SGB II, Einstiegsgeld gem. § 29 SGB II, Entschädigung für Mehraufwendungen „Ein-Euro-Job“ gem. § 16 Abs. 3 SGB II).

2.3 Wohngeld

Wohngeld ist Einkommen, soweit es nicht erhöhte Wohnkosten deckt.

2.4 BAFöG

BAFöG-Leistungen sind Einkommen, auch soweit sie als Darlehn gewährt werden, mit Ausnahme von Vorausleistungen nach §§ 36, 37 BAFöG.

2.5 Erziehungs- und Elterngeld

Elterngeld nach § 11 BEGG ist als Einkommen zu behandeln; für den Mindestbetrag von monatlich 300 € gilt dies nur ausnahmsweise (§ 11 S. 2 BEGG). Soweit noch Erziehungsgeld gezahlt wird, ist es nur in den Ausnahmefällen nach § 9 S. 2 BErzGG Einkommen.

2.6 Unfall- und Versorgungsrenten

Unfall- und Versorgungsrenten sowie Übergangsgelder aus der Unfall- und Rentenversicherung sind Einkommen; §§ 1610a, 1578a BGB sind zu beachten.

2.7 Leistungen aus der Pflegeversicherung u. ä.

Leistungen aus der Pflegeversicherung, Blindengeld, Schwerbeschädigten- und Pflegezulagen, jeweils nach Abzug des Betrags für tatsächliche Mehraufwendungen, sind Einkommen; §§ 1610a, 1578a BGB sind zu beachten.

2.8 Pflegegeld

Anteil des Pflegegelds der Pflegeperson, durch den ihre Bemühungen abgegolten werden, ist Einkommen; bei Pflegegeld aus der Pflegeversicherung gilt dies nach Maßgabe des § 13 Abs. 6 SGB XI.

2.9 Grundsicherung beim Verwandtenunterhalt

In der Regel sind Leistungen nach §§ 41–43 SGB XII (Grundsicherung) beim Verwandtenunterhalt Einkommen, nicht aber beim Ehegattenunterhalt.

2.10 Sozialhilfe

Kein Einkommen sind sonstige Sozialhilfeleistungen nach SGB XII.

2.11 Unterhaltsvorschuss

Leistungen nach dem UVG sind nicht als Einkommen zu bewerten. Die Unterhaltsforderung eines Empfängers dieser Leistungen kann in Ausnahmefällen treuwidrig sein.

3 Kindergeld

Kindergeld wird nicht zum Einkommen gerechnet.

4 Geldwerte Zuwendungen des Arbeitgebers

Geldwerte Zuwendungen aller Art des Arbeitgebers, z. B. Firmenwagen oder freie Kost und Logis, sind Einkommen, soweit sie entsprechende Eigenaufwendungen ersparen.

5 Wohnwert

Der Wohnvorteil durch mietfreies Wohnen im eigenen Heim ist als wirtschaftliche Nutzung des Vermögens unterhaltsrechtlich wie Einkommen zu behandeln. Neben dem Wohnwert sind auch Zahlungen nach dem Eigenheimzulagengesetz anzusetzen.

Ein Wohnvorteil liegt nur vor, soweit der Wohnwert den berücksichtigungsfähigen Schuldendienst (Zins und beim Trennungsunterhalt in der Regel auch Tilgung), erforderliche Instandhaltungskosten sowie die verbrauchsunabhängigen Kosten, mit denen ein Mieter üblicherweise nicht belastet wird, übersteigt. Auszugehen ist vom vollen Mietwert (objektiver Wohnwert). Wenn es nicht möglich oder nicht zumutbar ist, die Wohnung aufzugeben und das Objekt zu vermieten oder zu veräußern, kann statt dessen die ersparte Miete angesetzt werden, die angesichts der wirtschaftlichen Verhältnisse angemessen wäre (subjektiver Wohnwert). Dies kommt insbesondere für die Zeit bis zur Rechtskraft der Scheidung in Betracht, wenn ein Ehegatte das Eigenheim allein bewohnt.

6 Haushaltsführung

Führt jemand einem leistungsfähigen Dritten den Haushalt, so ist hierfür ein Einkommen anzusetzen. Bei Haushaltsführung durch einen Nichterwerbstätigen können in der Regel 200–550 € angesetzt werden.

7 Einkommen aus unzumutbarer Erwerbstätigkeit

Einkommen aus unzumutbarer Erwerbstätigkeit kann nach Billigkeit ganz oder teilweise unberücksichtigt bleiben.

8 Freiwillige Zuwendungen Dritter

Freiwillige Zuwendungen Dritter (z. B. Geldleistungen, kostenloses Wohnen) sind nur als Einkommen zu berücksichtigen, wenn dies dem Willen des Dritten entspricht.

9 Erwerbsobliegenheit und Einkommensfiktion

Einkommen können auch aufgrund einer unterhaltsrechtlichen Obliegenheit erzielbare Einkünfte sein.

10 Bereinigung des Einkommens

Das nach Nr. 1 bis 9 ermittelte Einkommen ist wie folgt zu bereinigen:

10.1 Steuern und Vorsorgeaufwendungen

Vom Bruttoeinkommen sind Steuern, Sozialabgaben und/oder angemessene Vorsorgeaufwendungen abzuziehen (Nettoeinkommen).

10.1.1 Steuern/Splittingvorteil

Es besteht die Obliegenheit, Steuervorteile in Anspruch zu nehmen (z.B. Eintragung eines Freibetrags bei Fahrtkosten, für unstreitigen oder titulierten Unterhalt).

10.1.2 Vorsorgeaufwendungen

Vom Einkommen sind ferner Aufwendungen für Kranken-, Pflege-, Renten und Arbeitslosenversicherung abzuziehen. Im Rahmen der Altersvorsorge können über die Aufwendungen zur Grundversorgung (primäre Altersvorsorge) hinaus in angemessenem Umfang auch tatsächlich geleistete Zahlungen für eine zusätzliche private Altersvorsorge (sekundäre Altersvorsorge) angesetzt werden. Für die primäre Altersvorsorge können Personen, die nicht der gesetzlichen Versicherungspflicht unterliegen, in der Regel etwa 20% des Bruttoeinkommens ansetzen, sofern die Aufwendungen tatsächlich erfolgen und die Altersvorsorge nicht bereits auf andere Weise gesichert ist. Für die sekundäre Altersvorsorge ist in der Regel beim Ehegattenunterhalt und – wenn der Mindestbedarf gedeckt ist – beim Kindesunterhalt ein Betrag in Höhe von 4%, bei Eltern- und Enkelunterhalt in Höhe von 5% des Bruttoeinkommens angemessen.

10.2 Berufungsbedingte Aufwendungen

Berufsbedingte Aufwendungen, die sich von den privaten Lebenshaltungskosten nach objektiven Merkmalen eindeutig abgrenzen lassen, sind im Rahmen des Angemessenen vom Nettoeinkommen abziehen.

10.2.1 Konkrete Aufwendungen

Eine Pauschale von 5% wird in der Regel nicht gewährt, sondern die berufsbedingten Aufwendungen sind im Einzelnen darzulegen.

10.2.2 Fahrtkosten

Für notwendige Kosten der berufsbedingten Nutzung eines Kraftfahrzeugs kann der nach den Sätzen des § 5 Abs. 2 Nr. 2 JVEG anzuwendende Betrag (derzeit 0,30 €) pro gefahrenem Kilometer angesetzt werden. Damit sind i.d.R. Anschaffungs- und Betriebskosten erfasst. Bei langen

Fahrtstrecken (ab ca. 30 km einfach) kann nach unten abgewichen werden (für die Mehrkilometer i.d.R. 0,20 €). Daneben sind weitere Kosten (etwa für Kredite oder Reparaturen) regelmäßig nicht absetzbar. Eine Verweisung auf die Benutzung öffentlicher Verkehrsmittel kommt nach Billigkeit in Betracht, insbesondere wenn der Mindestunterhalt nicht geleistet werden kann.

10.2.3 Ausbildungsaufwand

Bei einem Auszubildenden sind in der Regel 90 als ausbildungsbedingter Aufwand abzuziehen.

10.3 Kinderbetreuung

Kinderbetreuungskosten und damit zusammenhängende Aufwendungen sind abzugsfähig, soweit die Betreuung durch Dritte infolge der Berufstätigkeit erforderlich wird. Außerdem kann ein Kinderbetreuungsbonus zum Ausgleich für die Doppelbelastung durch Kindererziehung und Berufstätigkeit in Betracht kommen. Für dessen Höhe können u.a. die Zahl und das Alter der Kinder, der Umfang der Berufstätigkeit sowie der Lebensstandard der Beteiligten von Bedeutung sein.

10.4 Schulden

Berücksichtigungswürdige Schulden (Zinsen und Tilgung) sind abzuziehen; die Abzahlung soll im Rahmen eines vernünftigen Tilgungsplans in angemessenen Raten erfolgen. Im Verhältnis zu minderjährigen und privilegierten volljährigen Kindern besteht grundsätzlich die Obliegenheit zur Einleitung der Verbraucherinsolvenz (BGHZ 162, 234), nicht aber gegenüber sonstigen Unterhaltsberechtigten (BGH, Urt. v. 12. 12. 2007 – XII ZR 23/06). Bei der Bedarfsermittlung für den Ehegattenunterhalt sind nur eheprägende Schulden abzuziehen. Bei Verwandtenunterhalt sowie bei der Leistungsfähigkeit/Bedürftigkeit für den Ehegattenunterhalt erfolgt eine Abwägung nach den Umständen des Einzelfalls. Bei der Zumutbarkeitsabwägung sind die Interessen des Unterhaltsschuldners, des Drittgläubigers und des Unterhaltsgläubigers, vor allem minderjähriger Kinder, mit zu berücksichtigen.

10.5 Unterhaltsleistungen

Unterhaltsleistungen für vorrangig Berechtigte sind beim Verpflichteten vorweg mit dem Zahlbetrag abzuziehen. Leistet der Berechtigte einem nicht gemeinsamen minderjährigen oder privilegierten volljährigen Kind Barunterhalt, so ist auch dieser mit dem nach seinen Einkommensverhältnissen maßgeblichen Zahlbetrag abzugsfähig. Im Übrigen richtet sich die Abzugsfähigkeit von Unterhaltsleistungen nach den Umständen des Einzelfalls.

10.6 Vermögensbildung

Leistungen nach den Vermögensbildungsgesetzen sind nicht vom Einkommen abzuziehen, andererseits erhöhen vermögenswirksame Leistungen des Arbeitgebers und Sparzulagen nicht das Einkommen.

Kindesunterhalt

11 Bemessungsgrundlage (Tabellenunterhalt)

Der Barunterhalt minderjähriger und noch im elterlichen Haushalt lebender volljähriger Kinder bestimmt sich nach den Sätzen der Düsseldorfer Tabelle (Anlage 1). Die Richtsätze der 1. Einkommensgruppe der ersten drei Altersstufen entsprechen dem Mindestbedarf gemäß § 1612a BGB i.V.m. § 36 Nr. 4 EGZPO. Bei minderjährigen Kindern kann der Barunterhalt als Festbetrag oder als Prozentsatz des jeweiligen Mindestunterhalts geltend gemacht werden.

11.1 Kranken- und Pflegeversicherungsbeiträge, Studiengebühren

Die Tabellensätze der Düsseldorfer Tabelle enthalten keine Studiengebühren und keine Kranken- und Pflegeversicherungsbeiträge für das Kind, wenn dieses nicht in einer gesetzlichen Familienversicherung mitversichert ist. Das Nettoeinkommen des Verpflichteten ist um solche zusätzlich zu zahlenden Versicherungskosten zu bereinigen.

11.2 Eingruppierung

Die Tabellensätze sind auf den Fall zugeschnitten, dass der Unterhaltspflichtige drei Berechtigten, ohne Rücksicht auf den Rang, Unterhalt zu gewähren hat. Bei einer größeren oder geringeren Anzahl Unterhaltsberechtigter sind i.d.R. Ab- oder Zuschläge durch Einstufung in niedrigere oder höhere Gruppen vorzunehmen. Reicht das verfügbare Einkommen auch dann nicht aus, setzt sich der Vorrang der Kinder nach § 1609 BGB durch (Nr. 23).

12 Minderjährige Kinder

12.1 Betreuungs-/Barunterhalt

Der betreuende Elternteil braucht neben dem anderen Elternteil in der Regel keinen Barunterhalt zu leisten, es sei denn, sein Einkommen ist bedeutend höher als das des anderen Elternteils (§ 1606 Abs. 3 S. 2 BGB) oder der eigene angemessene Unterhalt (1100 €) des sonst allein barunterhaltspflichtigen Elternteils ist gefährdet (§ 1603 Abs. 2 S. 3 BGB) und dem betreuenden Elternteil verbleiben nach Abzug des Kindesunterhalts 1100 € zum eigenen Unterhalt.

12.2 Einkommen des Kindes

Einkommen des Kindes wird bei beiden Eltern hälftig angerechnet.

12.3 Beiderseitige Barunterhaltspflicht/Haftungsanteil

Sind bei auswärtiger Unterbringung beide Eltern zum Barunterhalt verpflichtet, haften sie anteilig nach § 1606 Abs. 3 S. 1 BGB für den Gesamtbedarf (vgl. Nr. 13.3). Der Verteilungsschlüssel kann unter Berücksichtigung des Betreuungsaufwands wertend verändert werden.

12.4 Zusatzbedarf

Bei Zusatzbedarf (Prozesskostenvorschuss, Mehrbedarf, Sonderbedarf) gilt § 1606 Abs. 3 S. 1 BGB (vgl. Nr. 13.3).

13 Volljährige Kinder

13.1 Bedarf

Beim Bedarf volljähriger Kinder ist zu unterscheiden, ob sie noch im Haushalt der Eltern/eines Elternteils leben oder einen eigenen Hausstand haben.

Für volljährige Kinder, die noch im Haushalt der Eltern/eines Elternteils wohnen, gilt die Altersstufe 4 der Düsseldorfer Tabelle. Sind beide Eltern leistungsfähig (vgl. Nr. 21.3.1), ist der Bedarf des Kindes i.d.R. nach dem zusammengerechneten Einkommen (ohne Höhergruppierung oder Herabstufung) zu bemessen. Ein Elternteil hat jedoch höchstens den Unterhalt zu leisten, der sich allein nach seinem Einkommen aus der Düsseldorfer Tabelle ergibt.

Der angemessene Bedarf eines volljährigen Kindes mit eigenem Hausstand beträgt in der Regel monatlich 640 € (darin sind enthalten Kosten für Unterkunft und Heizung bis zu 270 €) ohne Beiträge zur Kranken- und Pflegeversicherung sowie Studiengebühren. Von diesem Betrag kann bei erhöhtem Bedarf oder mit Rücksicht auf die Lebensstellung der Eltern abgewichen werden.

Für die Haftungsquote gilt in beiden Fällen Nr. 13.3.

13.2 Einkommen des Kindes

Auf den Unterhaltsbedarf werden das Kindergeld (Nr. 14) sowie Einkünfte des Kindes, auch BAFöG-Darlehen und Ausbildungsbeihilfen (gekürzt um ausbildungsbedingte Aufwendungen, vgl. Nr. 10.2.3) angerechnet. Bei Einkünften aus unzumutbarer Erwerbstätigkeit gilt § 1577 Abs. 2 BGB entsprechend.

13.3 Beiderseitige Barunterhaltspflicht

Bei anteiliger Barunterhaltspflicht ist vor Berechnung des Haftungsanteils nach § 1606 Abs. 3 S. 1 BGB das bereinigte Nettoeinkommen jedes Elternteils gem. Nr. 10 zu ermitteln. Außerdem ist bei Unterhaltsansprüchen nicht privilegierter volljähriger Kinder vom Restbetrag ein Sockelbetrag in Höhe des angemessenen Selbstbehalts (1100 €) abzuziehen.

Der Haftungsanteil nach § 1606 Abs. 3 S. 1 BGB errechnet sich nach der Formel:

Bereinigtes Nettoeinkommen eines Elternteils (N1 oder N2) abzüglich 1100 € mal

(Rest-)Bedarf (R), geteilt durch die Summe der bereinigten Nettoeinkommen beider Eltern (N1 + N2) abzüglich 2200 (= 1100 + 1100) €.

Haftungsanteil 1 = (N1−1100) × R : (N1 + N2−2.200).

Der so ermittelte Haftungsanteil ist auf seine Angemessenheit zu überprüfen und kann bei Vorliegen besonderer Umstände (z.B. behindertes Kind) wertend verändert werden.

Bei volljährigen Schülern, die in § 1603 Abs. 2 S. 2 BGB minderjährigen Kindern gleichgestellt sind, wird der Sockelbetrag bis zum notwendigen Selbstbehalt (770 €/900 €) herabgesetzt, wenn der Bedarf der Kinder andernfalls nicht gedeckt werden kann.

14 Verrechnung des Kindergeldes

Das auf das jeweilige Kind entfallende Kindergeld ist nach § 1612b BGB auf den Tabellenunterhalt anzurechnen, vgl. Anhang Tabelle Zahlbeträge.

Ehegattenunterhalt

15 Unterhaltsbedarf

15.1 Bedarf nach den ehelichen Lebensverhältnissen

Bei der Bedarfsbemessung darf nur eheprägendes Einkommen berücksichtigt werden. Bei Aufnahme oder Ausdehnung einer Erwerbstätigkeit nach Trennung/Scheidung ist das (Mehr)einkommen als Surrogat der Haushaltsführung und damit als prägend anzusehen.

15.2 Halbteilung und Erwerbstätigenbonus

Es gilt der Halbteilungsgrundsatz, wobei jedoch Erwerbseinkünfte nur zu $^6/_7$ zu berücksichtigen sind (Abzug von $^1/_7$ Erwerbstätigenbonus vom gemäß Nr. 10 bereinigten Nettoeinkommen).

15.3 Konkrete Bedarfsbemessung

Bei sehr guten Einkommensverhältnissen des Pflichtigen kommt eine konkrete Bedarfsberechnung in Betracht.

15.4 Vorsorgebedarf/ Zusatz- und Sonderbedarf

Werden Altersvorsorge-, Kranken- und Pflegeversicherungskosten vom Berechtigten gesondert geltend gemacht oder vom Verpflichteten bezahlt, sind diese vom Einkommen des Pflichtigen vorweg abzuziehen. Wegen des Vorrangs des Elementarunterhalts besteht ein Anspruch auf Altersvorsorgeunterhalt nur insoweit, als das Existenzminimum des Berechtigten (Nr. 23.2) gesichert ist. Der Altersvorsorgeunterhalt ist regelmäßig nach der Bremer Tabelle zweistufig zu berechnen. Bei besonders günstigen wirtschaftlichen Verhältnissen kommt eine einstufige Berechnung in Betracht. Der Altersvorsorgeunterhalt ist nicht auf den Höchstbetrag nach Maßgabe der Beitragsbemessungsgrenze in der gesetzlichen Rentenversicherung beschränkt (BGH FamRZ 2007, 117).

15.5 Bedarf bei mehreren, gleichrangigen Ehegatten und Berechtigten nach § 1615l BGB

Bei mehreren gleichrangigen Ehegatten ist das nach Vorwegabzug des Erwerbstätigenbonus unter Wahrung des Selbstbehalts verbleibende bereinigte Nettoeinkommen unter den Berechtigten und dem Verpflichteten ohne Berücksichtigung von Vorteilen bei gemeinsamer Haushaltsführung mit dem Pflichtigen oder einem Dritten gleichmäßig aufzuteilen. Entsprechendes gilt bei Berechtigten nach § 1615l BGB, es sei denn, ihr Bedarf (Nr. 18) ist geringer.

15.6 Trennungsbedingter Mehrbedarf

Trennungsbedingter Mehrbedarf ist nur zu berücksichtigen, wenn die Abzugsmethode hinsichtlich nicht prägender Einkommensteile angewandt wird.

16 Bedürftigkeit

Eigene Einkünfte des Berechtigten sind auf den Bedarf anzurechnen, wobei das bereinigte Nettoerwerbseinkommen um den Erwerbstätigenbonus ($^1/_7$) zu vermindern ist.

17 Erwerbsobliegenheit

17.1 bei Kindesbetreuung

Bei der Beurteilung der Frage, ob und inwieweit der betreuende Ehegatte nach Vollendung des dritten Lebensjahres des Kindes bei einer bestehenden Betreuungsmöglichkeit auf eine eigene Erwerbstätigkeit verwiesen werden kann, kommt es auf die Verhältnisse des Einzelfalls an. Bei besonderer Betreuungsbedürftigkeit des Kindes und bei nicht oder nur unzureichend vorhandenen Möglichkeiten der Fremdbetreuung (kindbezogene Gründe, § 1570 Abs. 1 S. 2 BGB) kommt ein Unterhaltsanspruch auch nach Vollendung des dritten Lebensjahres des Kindes in Betracht.

Eine Erwerbstätigkeit kann auch aus Gründen der nachehelichen Solidarität unbillig erscheinen. Hierbei sind das in der Ehe gewachsene Vertrauen in die vereinbarte und praktizierte Rollenverteilung und die gemeinsame Ausgestaltung der Kinderbetreuung sowie die Dauer der Ehe zu berücksichtigen (ehebezogene Gründe, § 1570 Abs. 2 BGB).

Ein abrupter, übergangsloser Wechsel von der elterlichen Betreuung zur Vollerwerbstätigkeit kann nicht in jedem Fall verlangt werden. Im Interesse des Kindeswohls wird vielmehr auch künftig ein gestufter, an den Kriterien von § 1570 Abs. 1 BGB orientierter Übergang möglich sein (BT-Drs. 16/6980 S. 17 – FamRZ 2007, 1947).

Die Darlegungs- und Beweislast für die Umstände, die einer vollen oder teilweisen Erwerbsobliegenheit entgegenstehen, trifft den betreuenden Elternteil. Dies gilt auch, wenn ein Titel über den Basisunterhalt nach § 1570 Abs. 1 S. 1 BGB abgeändert werden soll.

Der Titel über den zeitlichen Basisunterhalt nach § 1570 Abs. 1 S. 1 BGB ist grundsätzlich nicht zu befristen. Eine Befristung des Titels über Betreuungsunterhalt im Übrigen kommt nur in seltenen Ausnahmefällen in Betracht (BT-Drs. 16/1830 S. 19).

17.2 bei Trennungsunterhalt

In der Regel besteht für den Berechtigten im ersten Jahr nach der Trennung keine Obliegenheit zur Aufnahme oder Ausweitung einer Erwerbstätigkeit.

Weitere Unterhaltsansprüche

18 Ansprüche nach § 1615l BGB

Der Bedarf nach § 1615l BGB bemisst sich nach der Lebensstellung des betreuenden Elternteils. Ist der betreuende Elternteil verheiratet oder geschieden, ergibt sich der Bedarf aus den ehelichen Lebensverhältnissen, auch wenn diese unter den Mindestbedarfssätzen liegen (BGH FamRZ 2007, 1303). Bei Ansprüchen wegen Betreuung nichtehelicher Kinder gelten die Grundsätze in Nr. 17.1 entsprechend (vgl. BT-Drs. 16/6980 S. 22 – FamRZ 2007, 1948).

19 Elternunterhalt

Beim Bedarf der Eltern sind Leistungen zur Grundsicherung nach §§ 41 ff. SGB XII zu berücksichtigen (vgl. Nr. 2.9.).

20 Lebenspartnerschaft

Bei Getrenntleben oder Aufhebung der Lebenspartnerschaft gelten §§ 5, 12, 16 LPartG.

Leistungsfähigkeit und Mangelfall

21 Selbstbehalt

Dem Unterhaltspflichtigen muss nach Abzug der Unterhaltsansprüche der Selbstbehalt (Eigenbedarf) verbleiben.

21.1 Grundsatz

Es ist zu unterscheiden zwischen dem notwendigen (§ 1603 Abs. 2 BGB), dem angemessenen (§ 1603 Abs. 1 BGB) sowie dem eheangemessenen Selbstbehalt (§§ 1361 Abs. 1, 1578 Abs. 1 BGB; BGH FamRZ 2006, 683).

21.2 Notwendiger Selbstbehalt

Der notwendige Selbstbehalt (Eigenbedarf) beträgt gegenüber minderjährigen unverheirateten Kindern und gegenüber volljährigen unverheirateten Kindern bis zur Vollendung des 21. Lebensjahrs, die im Haushalt der Eltern oder eines Elternteils leben und sich in der allgemeinen Schulausbildung befinden,

- beim nichterwerbstätigen Unterhaltspflichtigen monatlich **770 €,**
- beim erwerbstätigen Unterhaltspflichtigen monatlich **900 €.**

Hierin sind **360 €** für Unterkunft einschließlich umlagefähiger Nebenkosten und Heizung (Warmmiete) enthalten.

21.3 Angemessener Selbstbehalt

Der angemessene Selbstbehalt beträgt:

21.3.1 gegenüber nicht privilegierten volljährigen Kindern

in der Regel **1100 €.**

Hierin sind Kosten für Unterkunft und Heizung in Höhe von **450 €** enthalten.

21.3.2 gegenüber Anspruchsberechtigten nach § 1615l BGB 1000 €

Hierin sind Kosten für Unterkunft und Heizung in Höhe von **400 €** enthalten.

21.3.3 beim Elternunterhalt

mindestens monatlich **1400 €,** wobei die Hälfte des diesen Mindestbetrag übersteigenden Einkommens zusätzlich anrechungsfrei bleibt.

Hierin sind Kosten für Unterkunft und Heizung in Höhe von **450 €** enthalten.

21.3.4 von Großeltern gegenüber Enkeln

mindestens monatlich **1400 €,** wobei die Hälfte des diesen Mindestbetrag übersteigenden Einkommens zusätzlich anrechungsfrei bleibt. Hierin sind Kosten für Unterkunft und Heizung in Höhe von **450 €** enthalten.

21.4 Mindestselbstbehalt gegenüber Ehegatten

Der eheangemessene Selbstbehalt beträgt **1000 €.** Hierin sind Kosten für Unterkunft und Heizung in Höhe von **400 €** enthalten.

21.5 Anpassung des Selbstbehalts

Beim Verwandtenunterhalt kann der jeweilige Selbstbehalt unterschritten werden, wenn der eigene Unterhalt des Pflichtigen ganz oder teilweise durch seinen Ehegatten gedeckt ist (vgl. Nr. 22).

Wird konkret eine erhebliche und nach den Umständen nicht vermeidbare Überschreitung der in den einzelnen Selbstbehalten enthaltenen Wohnkosten dargelegt, erhöht sich der Selbstbehalt. Wird die Wohnung von mehreren Personen genutzt, ist der Wohnkostenanteil des Pflichtigen festzustellen. Bei Erwachsenen geschieht die Aufteilung in der Regel nach Köpfen. Kinder sind vorab mit einem Anteil von 20% ihres Anspruchs auf Barunterhalt zu berücksichtigen. Besteht für den Verpflichteten ein Anspruch auf Wohngeld, ist dieser wohnkostenmindernd zu berücksichtigen (vgl. Nr. 2.3).

22 Bedarf des mit dem Pflichtigen zusammenlebenden Ehegatten

22.1 Mindestbedarf bei Ansprüchen des nachrangigen geschiedenen Ehegatten

Ist bei Unterhaltsansprüchen des nachrangigen geschiedenen Ehegatten der Unterhaltspflichtige verheiratet, wird für den mit ihm zusammenlebenden Ehegatten, unabhängig davon, ob er erwerbstätig ist oder nicht, der Familienunterhalt (1/2 des bereinigten Nettoeinkommens unter Wahrung des Selbstbehalts von 1000 €) angesetzt, mindestens **800 €.**

22.2 Mindestbedarf bei Ansprüchen aus § 1615l BGB und volljähriger Kinder

Ist bei Unterhaltsansprüchen aus § 1615l BGB oder von volljährigen nicht privilegierten Kindern der Unterhaltspflichtige verheiratet, wird für den mit ihm zusammenlebenden Ehegatten unabhängig davon, ob er erwerbstätig ist oder nicht, der Familienunterhalt (1/2 des bereinigten Nettoeinkommens unter Wahrung des Selbstbehalts von 1000 €) angesetzt, mindestens **800 €.**

22.3 Mindestbedarf bei Ansprüchen von Eltern oder Enkeln des anderen Ehegatten und von gemeinsamen Enkeln.

Ist bei Unterhaltsansprüchen der Eltern oder von Enkeln der Unterhaltspflichtige verheiratet, wird für den mit ihm zusammenlebenden Ehegatten ein Betrag von mindestens **1050 €** angesetzt. Im Familienmindestbedarf (vgl. Nr. 21.3.3 und 21.3.4) von **2450 €** (1400 € + 1050 €) sind Kosten für Unterkunft und Heizung in Höhe von **800 €** enthalten.

23 Mangelfall

23.1 Grundsatz

Ein absoluter Mangelfall liegt vor, wenn das Einkommen des Verpflichteten zur Deckung seines notwendigen Selbstbehalts und der gleichrangigen Unterhaltsansprüche nicht ausreicht. Zur Feststellung des Mangelfalls entspricht der einzusetzende Bedarf für minderjährige und diesen nach § 1603 Abs. 2 S. 2 BGB gleichgestellte Kinder dem Zahlbetrag der Unterhaltstabelle, für den getrenntlebenden/geschiedenen Ehegatten und für den Berechtigten nach § 1615l BGB sowie den mit dem Pflichtigen zusammenlebenden Ehegatten seinen jeweiligen ungedeckten Bedarfsbeträgen (Nr. 15, 16).

23.2 Einsatzbeträge

Die Einsatzbeträge im Mangelfall (Existenzminimum) belaufen sich im Verhältnis von gleichrangigen Berechtigten zueinander:

- bei minderjährigen und diesen nach § 1603 Abs. 2 S. 2 BGB gleichgestellten Kindern auf den Mindestunterhalt der jeweiligen Altersstufe nach der Düsseldorfer Tabelle (Zahlbeträge)
- bei Ehegatten und Berechtigten nach § 1615 l BGB auf
  - **900 €** bei Erwerbstätigenden,
  - **770 €** bei Nichterwerbstätigen
- bei mit dem Pflichtigen zusammenlebenden Ehegatten auf **800 €.**

Anrechenbares Einkommen des Berechtigten ist von seinem Einsatzbetrag abzuziehen.

23.3 Berechnung

Die nach Abzug des Selbstbehalts des Unterhaltspflichtigen verbleibende Verteilungsmasse ist anteilig auf alle gleichrangigen Unterhaltsberechtigten im Verhältnis ihrer Unterhaltsansprüche zu verteilen.

23.4 Kindergeldverrechnung

Für die Kindergeldverrechnung gilt § 1612 b BGB.

24 Rundung

Der Unterhaltsbetrag ist auf volle € aufzurunden.

25 Ost-West-Fälle

Bei sog. Ost-West-Fällen richtet sich der Bedarf des Kindes für Unterhaltsansprüche bis zum 31. 12. 2007 nach der an seinem Wohnsitz geltenden Unterhaltstabelle, der Selbstbehalt des Pflichtigen nach den an dessen Wohnsitz geltenden Selbstbehaltssätzen.

3. Tabellen

Düsseldorfer Tabelle (Stand 1. 1. 2008)

(ohne Kindergeldverrechnung)

	Nettoeinkommen des Barunterhalts-pflichtigen	Altersstufen in Jahren				Prozent-satz
		0–5	6–11	12–17	ab 18	
1.	bis 1500	279	322	365	408	100
2.	1501–1900	293	339	384	429	105
3.	1901–2300	307	355	402	449	110
4.	2301–2700	321	371	420	470	115
5.	2701–3100	335	387	438	490	120
6.	3101–3500	358	413	468	523	128
7.	3501–3900	380	438	497	555	136
8.	3901–4300	402	464	526	588	144
9.	4301–4700	425	490	555	621	152
10.	4701–5100	447	516	584	653	160
	ab 5101	nach den Umständen des Falles				

Die folgenden Tabellen enthalten die sich nach Abzug des jeweiligen Kindergeldanteils (hälftiges Kindergeld bei Minderjährigen, volles Kindergeld bei Volljährigen) ergebenden Zahlbeträge. Für das 1. bis 3. Kind beträgt das Kindergeld derzeit 154 €, ab dem 4. Kind 179 €.

1. bis 3. Kind		0–5	6–11	12–17	ab 18	%
1.	bis 1500	202	245	288	254	100
2.	1501–1900	216	262	307	275	105
3.	1901–2300	230	278	325	295	110
4.	2301–2700	244	294	343	316	115
5.	2701–3100	258	310	361	336	120
6.	3101–3500	281	336	391	369	128
7.	3501–3900	303	361	420	401	136
8.	3901–4300	325	387	449	434	144
9.	4301–4700	348	413	478	467	152
10.	4701–5100	370	439	507	499	160
Ab 4. Kind		0–5	6–11	12–17	ab 18	%
1.	bis 1500	189,50	232,50	275,50	229	100
2.	1501–1900	203,50	249,50	294,50	250	105
3.	1901–2300	217,50	265,50	312,50	270	110
4.	2301–2700	231,50	281,50	330,50	291	115
5.	2701–3100	245,50	297,50	348,50	311	120
6.	3101–3500	268,50	323,50	378,50	344	128
7.	3501–3900	290,50	348,50	407,50	376	136
8.	3901–4300	312,50	374,50	436,50	409	144
9.	4301–4700	335,50	400,50	465,50	442	152
10.	4701–5100	357,50	426,50	494,50	474	160

Sachverzeichnis

Zahlen = Seiten

Buchanzeigen

VON DER JUGEND BIS INS ALTER
Recht in allen Lebenslagen

Jugend und Recht

JugR · Jugendrecht

SGB VIII – Kinder- und Jugendhilfe, AdoptionsvermittlungsG, UnterhaltsvorschussG, Jugendschutzgesetz.
Stand: 1.3.2008.

Textausgabe.
29. Aufl. 2008. 550 S.
€ 7,–. dtv 5008
Neu im Mai 2008

Schule und Hochschule

Brenner
Meine Rechte in der Schule

Rechtliche Stellung von Eltern, Schülern und Lehrern, Haftung, Versicherung.

2. Aufl. 2004. 209 S. §
€ 9,50. dtv 5665

Staupe
Schulrecht von A–Z

Noten und Zeugnisse · Schüler- und Elternrechte · Haftung und Rechtsschutz.
Das umfassende Lexikon für Eltern, Lehrer und Schüler.

6. Aufl. 2007. 332 S. §
€ 13,50. dtv 5232

Birnbaum
Mein Recht bei Prüfungen

Grundlagen · Anfechtung · Rechtsschutz.
Effektive Hilfe für Prüflinge, Prüfer und Behörden.

1. Aufl. 2007. 230 S. §
€ 9,50. dtv 50647

Brehm/Zimmerling
Erfolgreich zum Studienplatz

ZVS · NC · Auswahlgespräche und -tests · Rechtsschutz · Studienplatzklage.
Macht mit Tipps und Hinweisen den Weg zum Wunschstudium frei.

1. Aufl. 2007. 231 S. §
€ 11,50. dtv 50652

BAföG · Bildungsförderung

BundesausbildungsförderungsG mit Durchführungsverordnungen und Ausbildungsförderungsgesetzen der Länder, BerufsbildungsG, SGB III (Auszug) und Meister-BAföG.
Mit allen Änderungen durch das 22. BAföGÄndG.

Textausgabe.
29. Aufl. 2008. 250 S.
€ 9,–. dtv 5033
Neu im Mai 2008

P151318-54.1

Schule und Hochschule

Ramsauer/Stallbaum/Sternal

Mein Recht auf BAföG

Förderung von Auszubildenden an Schulen und Hochschulen, Darlehensbedingungen und Darlehensrückzahlung, ergänzende Sozialhilfe und Wohngeld.

4. Aufl. 2003. 468 S. §
€ 13,–. dtv 5283

Theisen

ABC des wissenschaftlichen Arbeitens

Erfolgreich in Schule, Studium und Beruf.

1. Aufl. 2006. 263 S.
€ 9,50. dtv 50897

Ehe, Familie und Partnerschaft

FamR · Familienrecht

Zu Ehe, Scheidung, Unterhalt, Versorgungsausgleich, Lebenspartnerschaft und internationalem Recht.
Mit den Änderungen 2008 beim Unterhalt.
Im Anhang die neue Düsseldorfer Tabelle.
Stand: 1.1.2008.

Textausgabe.
12. Aufl. 2008. 647 S.
€ 11,–. dtv 5577

Gramm/Wolff

Jura – erfolgreich studieren

Das Buch liefert detaillierte Informationen und Tipps zum Jurastudium. Ein Eignungstest für junge Juristen am Ende des Bandes bietet eine wichtige Entscheidungshilfe.

5. Aufl. 2008. Rd. 200 S.
Ca. € 12,–. dtv 50624
In Vorbereitung für Sommer 2008

von Münch/Backhaus

Ehe- und Familienrecht von A–Z

Über 500 Stichwörter zur aktuellen Rechtslage. Annahme als Kind, Betreuung, Ehe, elterliche Sorge, Güterstand, Kindschaftssachen, Nichtehelichkeit, Scheidung, Unterhalt, Zugewinn, Lebenspartnerschaft.

16. Aufl. 2008. Rd. 350 S. §
Ca. € 9,50. dtv 5042
In Vorbereitung für Sommer 2008

Langenfeld

Der Ehevertrag

Gerechter Interessenausgleich durch Ehevertrag oder Scheidungsvereinbarung.

11. Aufl. 2005. 214 S. §
€ 8,50. dtv 5226

Zeichenerklärung:
§ *Rechtsberater*
€ *Wirtschaftsberater*

Dahmen-Lösche

Ehevertrag – Vorteil oder Falle?

So finden Sie Ihre perfekte Regelung.
Prüfen Sie Ihren Ehevertrag – bevor er unterschrieben ist. Welche Klauseln vorteilhaft sind und wo die Fallen liegen erläutert ausführlich und mit zahlreichen Mustern und Beispielen versehen dieses Buch.

1. Aufl. 2008. 152 S. §
€ 9,50. dtv 50656
Neu im Juni 2008

Dahmen-Lösche/Klinger

Finanzvorsorge für Frauen

Trennung und Scheidung · Altersvorsorge · Pflegefall · Erbfall.

Eine spezielle finanzielle Vorsorge benötigen Frauen in allen Lebenslagen.
Dieser Band gibt Tipps für Vorsorgevollmacht, Ehevertrag, Scheidungsvereinbarung, Vorsorge für Alter und Krankheit, Testament, Erbvertrag und zahlreiche weitere rechtliche Fragen.

1. Aufl. 2007. 191 S. §
€ 10,–. dtv 50649

Grziwotz

Rechtsfragen zu Ehe und Lebenspartnerschaft

Rechte und Pflichten, Unterhalt, Vermögensrecht und Verträge.

3. Aufl. 2004. 175 S. §
€ 8,–. dtv 50611

Grziwotz

Rechtsfragen des nichtehelichen Zusammenlebens

Ein Ratgeber für gleich- und verschiedengeschlechtliche Paare.

2. Aufl. 2002. 165 S. §
€ 8,–. dtv 50613

von Münch

Zusammenleben ohne Trauschein

Lebensgemeinschaften von verschieden- und gleichgeschlechtlichen Paaren.

7. Aufl. 2001. 192 S. §
€ 8,–. dtv 5224

Schwab/Görtz-Leible

Meine Rechte bei Trennung und Scheidung

Unterhalt · Ehewohnung · Sorge · Zugewinn- und Versorgungsausgleich.
Ratgeber zu allen Rechtsfragen bei Trennung und Scheidung.
Mit allen Neuerungen 2008!

6. Aufl. 2008. 262 S. §
€ 9,50. dtv 5647
Neu im Mai 2008

Grziwotz

Trennung und Scheidung

Wichtige Rechtsfragen zu Getrenntleben, Scheidung, Lebenspartnerschaftsaufhebung, Vermögensauseinandersetzung und Unterhalt.
Mit allen Neuerungen 2008!

7. Aufl. 2008. 227 S. §
€ 8,50. dtv 50612
Neu im Mai 2008

P151318-56.2

von Münch/Backhaus
Die Scheidung nach neuem Recht
Verfahren · Kindschafts- und Unterhaltsrecht · Lebenspartnerschaft. Mit aktuellen Tabellen und Leitlinien zum Unterhalt.

12. Aufl. 2006. 346 S. §
€ 9,50. dtv 5209

Dahmen-Lösche
Scheidungsberater für Frauen
Kennen Sie Ihre Rechte und Ansprüche bei Trennung und Scheidung? Dieses Buch berät umfassend mit vielen Beispielen, Mustern und Checklisten.

1. Aufl. 2006. 160 S. §
€ 10,–. dtv 50641

Schlickum
Scheidungsberater für Männer
Seine Rechte und Ansprüche bei Trennung und Scheidung. Der umfassende Rechtsberater für Ehemänner und Väter, die sich nicht aus ihrer Verantwortung drängen lassen wollen. Mit neuem Unterhaltsrecht.

1. Aufl. 2008. 174 S. §
€ 9,90. dtv 50661
Erscheint im April 2008 →

Peyerl
Vermögensteilung bei Scheidung
Sichern Sie Ihre Rechte und Ansprüche bei der Aufteilung des Vermögens im Scheidungsfall. Mit zahlreichen Tipps und Beispielen.

1. Aufl. 2007. 120 S. §
€ 8,50. dtv 50659

Schäfer/Schäfer/Höhler
Güterrecht und Zugewinn von A–Z
Güterrechtsfragen, insbesondere Fragen zum Zugewinn, aber auch zur Vermögensauseinandersetzung sowie zur Schuldenregulierung sind Kernpunkte fast aller Scheidungsverfahren. Der Ratgeber gibt auf diese Fragen eine klar verständliche Auskunft.

1. Aufl. 2004. 381 S. §
€ 13,–. dtv 5675

Peyerl
Unterhalt in Frage und Antwort
Dieser neue Ratgeber beantwortet zahlreiche praktische Fragen zum Unterhalt für Getrenntlebende, Geschiedene und Kinder. Mit dem geänderten Unterhaltsrecht und der neuen Düsseldorfer Tabelle.

1. Aufl. Rd. 200 S. §
Ca. € 7,50. dtv 50639
In Vorbereitung für Juni 2008

Dahmen-Lösche
So viel Unterhalt bei Trennung und Scheidung

1. Aufl. 2008. 31 S.
€ 4,95. dtv 50403

Schausten
So viel Elternunterhalt

1. Aufl. 2008. 31 S.
€ 4,95. dtv 50406

Heiß/Heiß

Die Höhe des Unterhalts von A–Z

Lexikon für Unterhaltsberechtigte, Unterhaltsverpflichtete und Juristen. Mit allen Änderungen durch die Unterhaltsreform 2008.

10. Aufl. 2008. 575 S. §
€ 13,90. dtv 5059
Neu im Juni 2008

Schulte

Eltern und Kinder

Elterliche Sorge · Umgang · Unterhalt.
Rechte und Pflichten gegenüber Partnern und Kindern sowie alles zu Jugendamt, Familiengericht, Unterhaltsvorschuss und Sozialhilfe, Namensrecht sowie Erbrecht.

3. Aufl. 2008. Rd. 270 S. §
Ca. € 11,50. dtv 5648
In Vorbereitung für Sommer 2008

Bergdolt/Högel

Tagesmütter, Haushaltshilfen, Au-pairs

Kinder und Beruf vereinbaren. Rechtlicher Rat und praktische Tipps.

1. Aufl. 2001. 232 S. §
€ 9,–. dtv 5673

Oberloskamp/Hoffmann

Wir werden Adoptiv- oder Pflegeeltern

Verfahren im In- und Ausland.
Sie erfahren alles Wichtige zu Voraussetzungen und Rechtsfolgen, insbesondere bei Auslandsadoptionen; auch Aspekte wie Erziehungsrechte, Unterhalt oder Kindergeld sind berücksichtigt.

5. Aufl. 2006. 399 S. §
€ 13,50. dtv 5215

Raack/Doffing/Raack

Recht der religiösen Kindererziehung

Unser Kind und seine Religion.
Dieser praxisorientierte Ratgeber gibt Antworten auf alle Fragen, die die religiöse Zugehörigkeit von Kindern sowie die Folgen für Kindergarten, Schule, Teilnahme an Festen und Ritualen betreffen.

1. Aufl. 2003. 275 S. §
€ 11,50. dtv 5676

Behindertenrecht

SGB IX · Rehabilitation und Teilhabe behinderter Menschen

SGB IX mit allen Schwerbehindertenverordnungen, Behindertengleichstellungsgesetz, Auszüge aus anderen Sozialgesetzbüchern, einschlägige Steuervorschriften sowie das Bundesversorgungsgesetz.

Textausgabe.
6. Aufl. 2008. 676 S.
€ 13,–. dtv 5755

Majerski-Pahlen/Pahlen

Mein Recht als Schwerbehinderter

Erwerbstätigkeit · Sozialleistungen · Steuern · Nachteilsausgleiche.
Alles Wissenswerte für Betroffene, Angehörige und Betreuer. Mit allen Neuerungen durch Hartz IV.

7. Aufl. 2006. 281 S. §
€ 11,50. dtv 5252

P151318-58.2

Behindertenrecht

Greß

Recht und Förderung für mein behindertes Kind

Elternratgeber für alle Lebensphasen – alles zu Sozialleistungen, Betreuung und Behindertentestament.

1. Auf. 2008. Rd. 220 S. §
Ca. € 12,50. dtv 50680
In Vorbereitung für Sommer 2008

Betreuung und Alter

BtR · Betreuungsrecht

BetreuungsG, Betreuungsbehördengesetz, Vormünder- und BetreuervergütungsG. Jetzt mit allen Änderungen durch das 2. Betreuungsrechtsänderungsgesetz.

Textausgabe.
8. Aufl. 2007. 131 S.
€ 5,–. dtv 5570

Zimmermann

Ratgeber Betreuungsrecht

Hilfe für Betreute und Betreuer.
Dieses Buch gibt Antwort auf alle wesentlichen Fragen zum Betreuungsrecht.

7. Aufl. 2006. 296 S. §
€ 10,–. dtv 5604

Zimmermann

Betreuungsrecht von A–Z

Rund 450 Stichwörter zum aktuellen Recht.
Die Neuauflage ist um zahlreiche Stichwörter und die neueste Rechtsprechung erweitert.

3. Aufl. 2007. 351 S. §
€ 12,50. dtv 5630

Sengler/Zinsmeister

Mein Recht bei Pflegebedürftigkeit

Praxisleitfaden zur Pflegeversicherung.
Mit allen Änderungen durch die sog. Hartz-Reformen.
Hinweise, Beispiele und Adressen bieten wichtige Hilfen.

3. Aufl. 2006. 346 S. §
€ 12,50. dtv 5650

Schmidt

Das Recht der Senioren

Selbstbestimmtes Älterwerden.
Behandelt werden u.a. Testament und Erbrecht, Recht bei Krankheit, Patientenverfügung, Vorsorgevollmacht und rechtliche Betreuung.

2. Aufl. 2003. 217 S. §
€ 10,–. dtv 5293

Betreuung und Alter

Putz/Steldinger

Patientenrechte am Ende des Lebens

Vorsorgevollmacht · Patientenverfügung · Selbstbestimmtes Sterben. Die Analyse der neuesten Rechtsprechung hilft, sinnvoll vorzusorgen und eigene Rechte durchzusetzen.

3. Aufl. 2007. 274 S. §
€ 11,50. dtv 5696

Winkler

So gestalte ich Vorsorgevollmacht und Patientenverfügung

1. Aufl. 2008. 31 S.
€ 4,95. dtv 50402

Erben und Vererben

Winkler

Erbrecht von A–Z

Über 240 Stichwörter zum aktuellen Recht. Übersichtlich, klar und verständlich erfahren Sie alles zu Testament und Erbvertrag, Erbfolge und Pflichtteilsrecht, Erbenhaftung, Erbengemeinschaft, Erbschein und Erbschaftsteuer. Mit zahlreichen Formulierungsbeispielen.

11. Aufl. 2008. 329 S. §
€ 9,50. dtv 5061

Klinger

Erbrecht in Frage und Antwort

Der Ratgeber erklärt leicht verständlich alle Fragen zu Testament, Erbvertrag, Widerruf und Anfechtung letztwilliger Verfügungen, Schenkung, Vorsorgevollmacht und Patientenverfügung.
Zahlreiche Tipps zur Formulierung machen die Umsetzung einfach.
Mit Informationen zu Kosten und Gebühren von Notar, Gericht und Rechtsanwalt sowie zur Erbschaftsteuer.

2. Aufl. 2006. 265 S. §
€ 10,–. dtv 50637

Ubert

Guter Rat zu Testament und Erbfall

Ratgeber zu allen Rechtsfragen rund um Testament und Erbfall.
Eine umfassende und allgemein verständliche Darstellung des Erbrechts und der steuerrechtlichen Fragen.
Mit vielen Beispielen, Tipps und Mustern.

4. Aufl. 2007. 422 S. §
€ 11,50. dtv 50622